中国書业

杨 虎 肖 阳 著

五洲传播出版社

图书在版编目（CIP）数据

中国书业／杨虎，肖阳著；—北京：五洲传播出版社，2010.1
ISBN 978-7-5085-1314-0

I.中... II.①杨...②肖... III.出版工作－文化史－中国 IV.G239.29

中国版本图书馆CIP数据核字（2008）第058042号

中国书业

著　　者	杨　虎　肖　阳
责任编辑	高　磊
图片编辑	周　婧
整体设计	田　林
设计制作	北京尚捷时迅文化艺术有限公司
出版发行	五洲传播出版社（北京海淀区北小马厂6号　邮编:100038）
电　　话	8610-58891281（发行部）
网　　址	www.cicc.org.cn
承印者	北京华联印刷有限公司
版　　次	2010年1月第1版第1次印刷
开　　本	720×965毫米　1/16
印　　张	11.5
字　　数	100千字
定　　价	52.00元

目　录

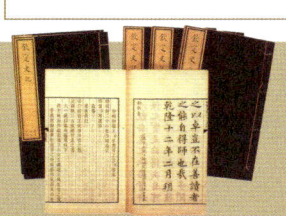

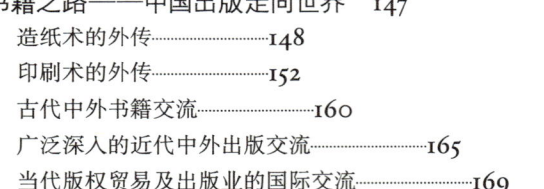

前言：书香三千年

　　书业活动是人类文明活动的重要内容。一方面，不同的文明孕育了不同的书业活动；另一方面，不同的书业活动又促进了各自文明的发展。

　　源远流长的中华文明孕育了特色鲜明的中国书业，一定程度上，中国书业形成发展的历史便是中华文明的缩影。中华文明是世界上唯一一个从未中断过的文明形态，具有历史悠久、内涵丰富、多元一体、影响深远、不断进取的鲜明特征。中国不仅在古代创造了辉煌的文明成就，留下了浩博的经典，而且经过近百年的改革更新，更呈现出强劲的发展态势和繁荣的发展前景。用一句中国的古话形容，便是"周虽旧邦，其命维新"。这在一定程度上决定了中国书业发展的独特性。同时，书业作为一种知识积累和文化传播的重要活动，在传承和传播中华文明的过程中发挥了极为重大的作用。从更广阔的视野来看，中国作为世界上书业最先发达的国家之一，在世界出版文化史上占有举足轻重的地位和分量。数千年来，中华文明以书籍为载体，在世界广为传播，促成了亚洲儒家文明圈的形成，在世界文明的发展中发挥了巨大的作用。特别是造纸术和印刷术的发明与广泛传播，更是人类文明史上的杰出贡献，对人类社会的发展生了广泛而深刻的影响。

　　文字是记录知识文化的首要工具，也是书业得以产生的首要条件。自古以来，中国就是一个多民族和多文字的国家。在众多的文字体系中，汉字是传承和传播中华文明的主体文字。在四大文明古国所发明的文字中，只有汉字字形稳定，字义明确，一直延续至今，从未中断。依靠汉字，今天的人们能读懂几千年来的各类图书典籍，又能得心应手地表述当今不断变化、高速发展的世界。中华文明之所以能够绵延数千年而从未中断，汉字

功莫大焉。

自从文字这一知识的直接载体出现后，记录文字的材料问题就上升为书业发展的主要矛盾。中国古人在使用了竹木简牍、甲骨、青铜器、石头、丝帛等载体之后，终于在公元前2世纪左右发明了可以用以书写和绘画的纸张，这是一项在人类书业史和文明史上具有划时代意义的重大发明，是迄今为止世界上最为理想的书写材料。公元105年，造纸术经蔡伦改进后逐渐推广开来，对书业和社会发展起到了巨大的推动作用。公元7世纪，中国人又在捶拓和印章等技术的启发下，发明了印刷术，使图书生产在质和量两方面又产生了新的飞跃，开启了人类传播史和文明史的新阶段。公元1041—1049年间，平民毕昇又发明了活字印刷术，所用材料也由胶泥、木材向铜锡等金属过渡。公元11世纪前后，又在雕版印刷术的基础上发明了套版印刷术，使印刷品更加美观和丰富。

与文字载体和复制技术不断发展变革紧密联系的，是中国书业的不断发展壮大。在公元前21世纪至公元前16世纪，中国书业开始萌芽，初步完成了由文字到原始文献典籍这一历史性的转变。此后便产生了原始的编辑、典藏活动，出

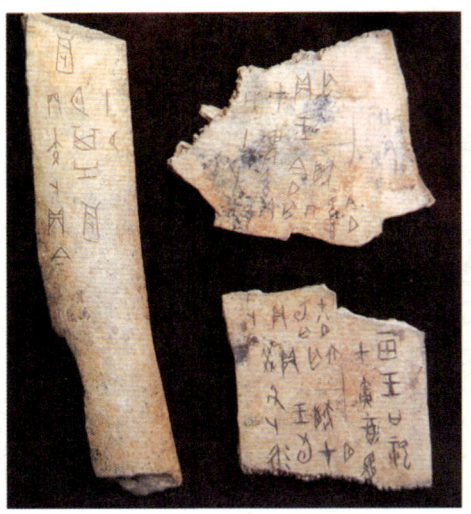

刻有文字的甲骨碎片

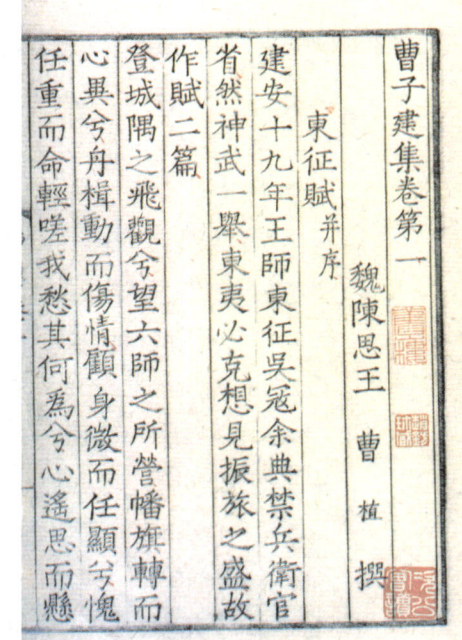

明代 (1368—1644) 铜活字印本《曹子建集》

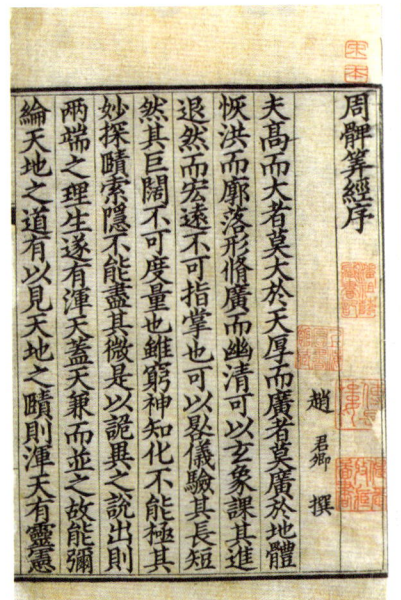
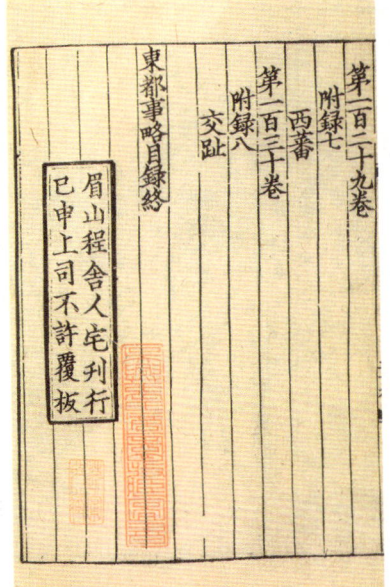

宋代 (960—1279) 建阳刻本《周髀算经》　　宋刻《东都事略》牌记

版活动的一些要素也开始出现。保守估计，中国书业的发展至少已有3000
多年的历史。在漫长的发展历史中，积累了丰富的编辑和典藏经验。造纸
术发明以后，造纸业也成为古代手工业的一大门类。印刷术发明以后，很
快就形成了官刻 (政府出版)、私刻 (私人出版)、坊刻 (民营出版)、寺观
刻书 (宗教出版)、书院刻书 (学术出版) 五大出版体系。出版事业兴起以
后，图书的流通和贸易活动也渐次展开。公元前2世纪，在当时的国都长
安以及部分经济文化比较发达的城市，已经出现了中国历史上最早的民间
书店——书肆。唐宋时期 (618—1279)，书籍的交易事业渐趋繁荣成熟，
包括广告在内的各种商业手段在此时得到大量运用。南宋时期 (1127—
1279)，版权观念及实践开始出现。刊刻于1190—1194年的《东都事略》，
上有牌记曰"眉山程舍人宅刊行，已申上司，不许覆板"共16个字。是迄今
发现中国 (也是世界) 最早的版权实例的记载。

明崇祯十二年 (1639年) 刊本《北西厢秘本》插图

　　中国古代书业的重要成果便是编辑出版了数量庞大、内涵丰富、形式多样、影响深远的图书典籍，成为中华文明的重要标志之一。中国很早就形成了"重文崇著"的优秀传统，以著述立言，以著述为荣，以著述传世，是历代文化人亘古不易的情结。据统计，仅西汉到清代 (前206—公元1911) 的中国古籍至少有18万种，230多万卷。中国古籍的门类也很丰富，在经、史、子、集、佛、道几大门类之下，还包括了形式多样的著述体裁。其中不乏卷帙浩繁的巨型图书，显示了中国古代文献的宏富、图书事业的兴旺，明代 (1368—1644) 的《永乐大典》(3.7亿字)，清代 (1616—1911) 的《古今图书集成》、《四库全书》(近10亿字) 就是其中的典型代表。中国书籍还非常讲究形式美，形成了简牍、卷轴、册页三大书籍制度，出现了经折装、旋风装、龙鳞装、蝴蝶装、包背装和线装等书籍装帧形式。纸墨、行款、版式也有很多讲究。

【书厄】
　　中国古代官藏图书屡遭人为毁坏的事件，称"书厄"。早在隋代，牛弘就提出"五厄"之说：一为秦始皇焚书，二为西汉末赤眉入关，三为东汉末董卓移都，四为十六国时期刘 (渊) 石 (勒) 乱华，五为南朝梁元帝江陵焚书。明代胡应麟续上"五厄"：隋末江都焚书为一，唐安史之乱为二，唐末黄巢入长安为三，北宋靖康之难为四，蒙古灭宋为五，合称"十厄"。

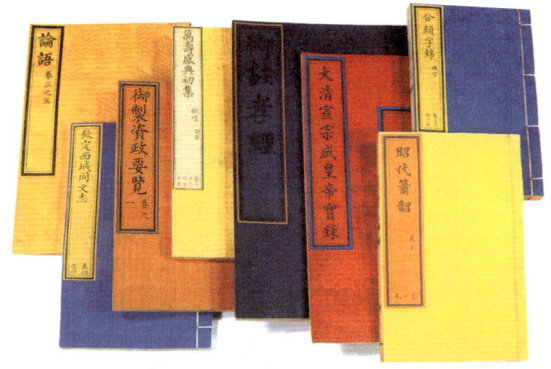

清代 (1616—1911) 内府刊印的几种不同装帧形式的图书

　　珍视图书典籍是中国文化的优秀传统，但是由于人为和自然的因素，中国历代图书多坎坷劫难，遭受的劫难与损失至为惨重。"书厄"激发人们以更大的努力收集图书、保护图书。作为书业的重要内容之一，中国的藏书事业兴起早，发达程度高，形成了官府、私人、寺观、书院等藏书体系，历代藏书楼和藏书家数以千万计，在图书的典藏与保护方面成就斐然，形成了特色鲜明的藏书文化。

　　中国古人在著书、刻书、藏书、读书等方面积累了丰富的经验，通过对书籍的研究，形成了版本、辨伪、辑佚、校勘、目录等"治书之学"，研究著作硕果累累，增强了中国古代书业的学术性。

湖南岳麓书院藏书楼：御书楼

中国历来重视与其他国家和地区的交流，书业交流是其中的重要内容之一。在长期的中外交流活动中，形成了横跨欧亚大陆的"书籍之路"。通过书籍之路，中国向世界传播了先进的出版文明和科学文化知识，同时也广泛吸取了世界其他国家和地区的优秀文化成果，促进了中华文明的发展。

中国古代书业曾长期在世界上处于领先地位，对世界尤其是儒家文明圈的国家和地区的出版业产生过广泛的影响。但自近代以来，中国书业在世界上的影响力逐渐下降，曾有一段时间落后于世界先进水平。19世纪以来，伴随着"西学东渐"的浪潮，中国书业在借鉴和学习西方先进书业文明的基础上，进

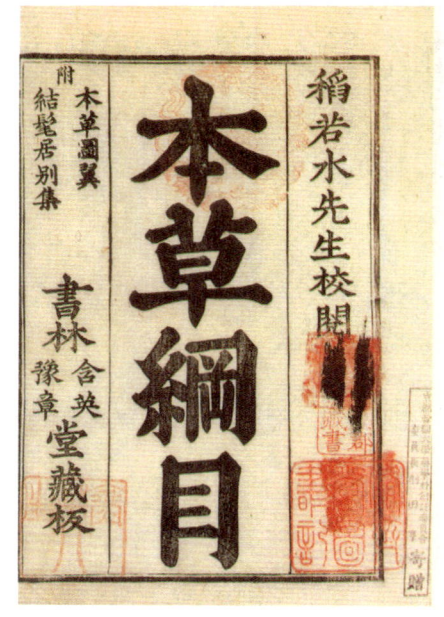

17世纪末18世纪初日本刊印的《本草纲目》

行了成功的转型。公元1897年成立的商务印书馆和1912年建立的中华书局积极改进技术，实行了资本主义的经营管理方式，成为了适应时代发展的新式出版企业。20世纪上半叶，中国书业终于完成了"从古到今"的变革，以凤凰涅槃的崭新姿态融入到了世界书业的发展潮流中去，从此以后，现代书业开始成为中国书业的主要形态，并迎来了又一个辉煌的发展时期。

1949年中华人民共和国成立以后，中国的现代书业取得了更为巨大的成就。经过60年的发展，中国已经成为世界上的出版大国。

一是出版规模逐年增长，出版实力大幅度提高。1950年，全国共有图书出版社211家，当年出版图书12153种，总印数2.75亿册；发展到2008年，全国共有出版社579家，共出版图书274123种，总印数70.62亿册（张）。而据中国出版科学研究所"小康社会出版业发展指标体系研究"课题组预测，2020年中国出版业的增加值将达到8000亿元左右，占GDP的1.9—2.0%，图书种数30万种，印数81.98亿册。

手摇平台印刷机，上海申报馆于1872年开始应用

二是出版技术日趋先进，数字出版发展迅猛。汉字激光照排技术将计算机技术与汉字出版印刷相结合，使中国印刷业告别了"铅与火"，开启"光与电"的时代。按需印刷技术则以单册起印、满足个性化读者需求为特点，成为新的发展点。数字技术的发展深刻影响了中国书业，纸质出版、网络出版、手机出版等多种出版形态共同构成了当今中国的出版市场。

三是出版体制企业化转变趋势加快，出版法律体系不断健全。新技术的发展和日益与世界接轨的中国市场环境，改变了中国书业的发展模式。中国的新闻出版体制开始发生改变，大部分出版机构开始向符合现代文化企业发展规律的现代企业转变。在出版物流通领域，民营书店、网络书店和读者俱乐部等发行渠道纷纷兴起；在出版教学研究领域，中国编辑出版专业高等教育和编辑出版学研究也实现了从无到有，从低到高的发展趋势。新闻出版的法律体系也在不断健全，初步形成了围绕《著作权法》的新闻出版法律体系框架，构建了司法与行政双重保护的执法体系。

四是国际化水平不断提高，版权贸易发展迅速。进入21世纪，中国出版业的国际化程度不断提高，对外开放的力度不断加大，在版权贸易和合

中华书局创办的《中华妇女界》。20世纪初期，中国的现代出版初步呈现出一片繁荣景象，杂志的大量出版发行是主要的标志之一。

作出版等方面成果显著，中国出版界在积极引进国外优秀图书的同时，还成功推出了诸多反映中华古代文明和当代文化成果的出版物。近10年来中国版权贸易结构正在逐年改善，引进与输出比例由10年前的15：1缩小到2007年的接近5：1，"以民族文化为主体，吸收外来有益文化，推动中华文化走向世界"的新闻出版业开放格局正在形成。此外，在法兰克福书展、伦敦书展、美国书展等国际书展上都能见到中国出版人的身影，一年一度的北京国际图书博览会的国际影响力也逐步提升。值得一提的是，在2009年法兰克福国际书展上，中国首次以主宾国的身份参展。在这个被誉为出版业奥林匹克的盛会上，中国向世界展示了5000年中华文明的灿烂辉煌，述说了当代中国日新月异的发展变迁。参展的中国内地出版机构有272家，来自台湾的有26家，来自香港的15家，总人数超过2000人，展品计7600余种。中方在本届书展上共输出版权2417项。另据德国官方统计，本次以中国为主宾国的书展共吸引了29万人次的参观者，有力地推动了中国书业走向世界的进程。

21世纪以来，在中国大陆书业迅速发展的同时，中国台湾、香港、澳门地区的书业也取得了长足的发展，两岸四地的书业在共同繁荣发展的基础上，形成了中国华文书业多元一体的良好格局，共同为传播和传承中华文

2009年法兰克福国际书展上，以"经典与创新"为主题的中国主宾国主题馆展区吸引了众多的观众。

明发挥着积极的作用，在当代世界出版格局中占据着十分重要的地位，其强劲的发展态势与辉煌的中国古代书业文明交相辉映。

整体来看，中国历史的发展进程以及中华文化的整体特征决定了中国书业的鲜明特征。一言以蔽之："历史有经典，当代有创新。"其特征主要表现为：

(1) 历史悠久。从历史传承的角度来看，中国作为世界四大文明古国之一，也是世界上书业活动出现较早的国家之一。从文字的发明和文献的出现开始，中国的书业活动薪火相传、绵延不绝，至今已历3000年之久。

(2) 内容丰富。源远流长的书业活动，为今天的中国和世界留下了极为珍贵的历史文化遗产。在世界文明史中，中国著作群体和典籍数量的庞大、图书载体形式和装帧的丰富多彩、印刷技术的发展与变革，传播范围的广泛以及记录的连续性和详细程度，都值得认真书写。

(3) 多元一体。所谓多元，系指除了汉族以外，各个少数民族的书业也取得了辉煌的成就。所谓一体，系指各民族书业的主体内容仍然是由

9

儒、释、道为主题而所组成的华夏文明。在今天，还特别表现为港、澳、台、内地华文出版格局的形成。在整体上呈现出多元一体、互为补益、和谐发展的鲜明特征。

(4) 影响深远。中国书业不仅深刻地影响了中华文明的形成、发展，形成了独具特色的中国书业文明形态，而且对世界书业文明的发展也做出了重要贡献。造纸术、印刷术的广泛传播，东亚文明圈的形成，是中国书业文明影响深远的突出表现。

(5) 持续创新。纵观中国的书业历史，每一个阶段的出版活动都会有因有果，不断发展壮大，体现出独特的演进轨迹和丰富多彩的发展面貌。中国书业文化不仅强调自主创新 (如造纸术、印刷术的发明与发展)，所以具有明显的进取性，还特别重视对外域先进文化的吸收与融合 (如佛教传入、西学东渐)，所以具有突出的包容性。这就决定了中国书业文化历经数千年的演变，能够生生不息，再造辉煌。

本书主要叙述中国书业文化的发展脉络与整体特征，这是一段3000余年的不同寻常的历史。

源远流长

中国书业的起源与发展

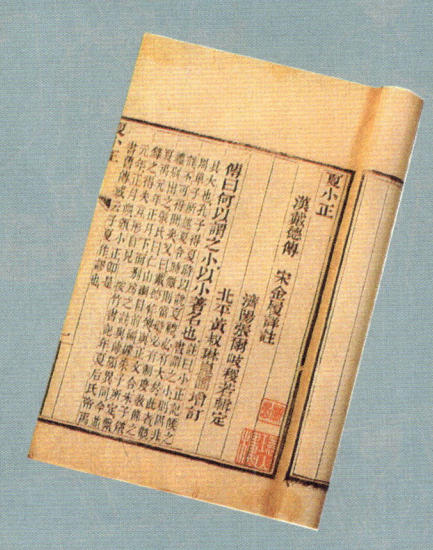

公元前2070年建立的夏王朝是中国历史上第一个王朝。夏王朝的建立，标志着中华文明的发展进入到一个新的阶段。有充分证据显示，汉字在夏代已经形成并开始走向系统化，中华先民的审美意识和文化水平都有了一定的发展，原始的书写工具和文献开始出现，为早期的书业活动创造了条件。

书写符号的产生

文字的产生是人类由野蛮时代进入文明时代的重要标志。文字以其超越时空限制的特性成为人类文明的基石。汉字的产生对于中国文化和中国书业的发展起着决定性的作用。其产生经历了一个十分漫长的历史过程，在文字产生前，大体经历了"有声无言"、"有言无文"两个时期。在语言和实物的基础上，又经结绳记事、契刻和图画三个阶段，方才产生汉字。

在中国历史上，长期流行着"仓颉造字"的传说。仓颉是黄帝时期（公元前26世纪）的史官，长着四只眼睛，通过仰观天文，俯察地理，辨别鸟兽的行迹，见常人之所不见，然后依类象形，创造出汉字。但这毕竟是历史传说。从文献记载中，我们可以确定在仓颉时代就已经产生了文字。这一时期，原始汉字已经有了一定数量的积累，并得到了一定程度上的整理。因此

仓颉画像

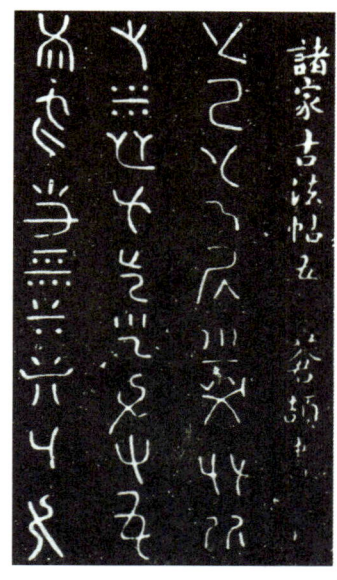

传说中的仓颉所造的文字

有人说，在仓颉以前，文字已经产生，不过当时的文字还在初期阶段，殊体异形，没有定制，仓颉的功劳正在于对这种形体不一的文字进行了整齐划一的规范工作，因此他的名字世代被人们称颂。

从文献记载和考古发现来看，结绳记事、契刻、图画和刻画符号是文字产生的重要步骤。其中对文字形成最有影响的，是刻画符号（也有人称为图画文字）。刻画符号和刻画文字大约出现在原始公社的后期，即新石器时代的发达阶段。中国许多民族的文字中仍保存着图画记事的痕迹。如云南纳西族的象形文字经典——"东巴经"中就有不少图形，"东巴"（巫师）看了就能颂出长篇的诗句，讲出动人的故事。图画符号的进一步发展，就可能转变为象形文字。

东巴文经书

在公元前4000年的仰韶文化和其后的龙山文化遗址中，都曾发现了这种刻画符号和文字。在中国山东莒县陵阳河和大朱村出土的陶器上，发现刻画符号18个。举四个为例：

大汶口陶尊上的刻画符号

不少学者认为它们就是文字。它们属于山东大汶口文化晚期，约为公元前2800—前2500年。越来越多的考古发现说明，距今4500年左右的龙山文化时期，也就是传说中的黄帝时代，正是中国文字由萌芽向成形，实现质的飞跃的时期。

考古发现也说明，在汉字产生之前，书写汉字的工具就已产生。西安半坡陶文中的好几种图案，如人面纹、游鱼图案、米字形纹饰，是用笔或类似的工具描绘上去的，其笔触清晰可见。1959年山东大汶口发现的陶文，有契刻和书写两

河南二里头发现的夏代陶文

种，说明当时已经使用笔和契刻类的书写工具了。只是当时的书写工具可能是极其简陋的。毛笔则至少在商朝就已具备雏形了。

汉字出现以后，经历了长时期的演进，在殷商时期（前1600—前1046）发展为甲骨文，这是今天所能看到的最早的成体系的相当成熟的汉字，当时汉字的表达能力已经大大增强。甲骨文

甘肃武威出土的西汉毛笔。毛笔是中国古代的基本书写工具，至今仍有很多人在使用。

之后，在中国历史上先后出现了金文、大篆、小篆、隶书、楷书等多种字体，演变为楷书时汉字基本定型，并沿用至今。汉字演变的总趋势是在表义明确的前提下由繁趋简，字书写的便捷性逐渐加强。汉字从产生到现在，一直保留着象形表意的特征。

汉字形体的演变历程

图书与编辑的出现

有了文字，就有了创造书籍的基本条件。当人们开始有意识地将文字刻写在各式各样的材料上，借以记录经验、阐述思想，并使之传播久远的时候，书籍便开始出现了。很多学者通过各方面的分析，断定中国在夏代即公元前21世纪至前16世纪这一历史

唐写本《尚书》。《尚书》是中国现存最早的史书，记载了夏代存在典籍的史实。

时期已经出现了文献典籍。这一推断的根据来自多方面：中国现存最早的史书《尚书》中记载夏商更迭之际，已有典册。《吕氏春秋》记载，夏王朝不但有图书法令，而且还设立了专门负责收藏、保管图书典籍的官员——太史令。《吕氏春秋》写成之后，曾公布于咸阳城门，声称能增删一字者，赏予千金。可见这段史料的来源不会毫无根据。

当然，夏代出现的文献典籍还不是正式的图书，它们是正式图书产生以前的文字记录，或者说是档案文书材料。虽然如此，但它们又确是当时人们思想支配下某种活动的忠实记录，不是杂乱无章的文字显现，已经具备了图书的某些因素。

从商代开始，中国先民便在甲骨、青铜、玉石、竹木上书写文字，记载信息，从而形成了甲骨文书、青铜器铭文、玉石刻辞、竹木简牍等文献形式。从这些文书档案的内容、形式和传播

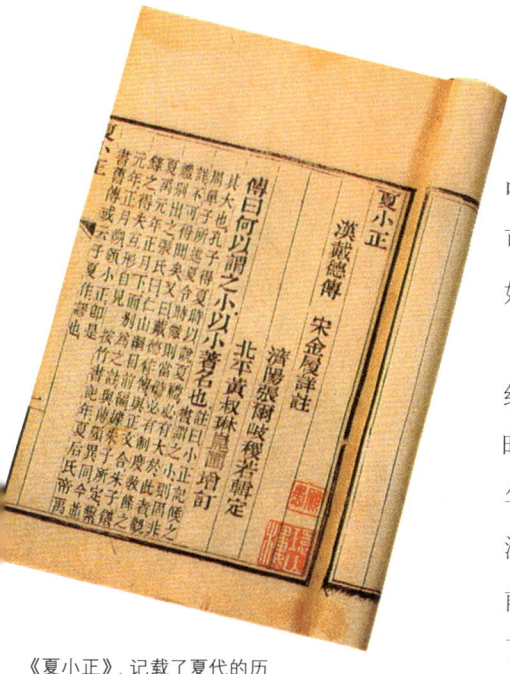

《夏小正》，记载了夏代的历法。至今中国农历仍沿用夏历。

目的来看，它们都已具备了正式图书的一些性质和特点。同时，在对甲骨、竹木的整治、书写、收藏和验证过程中，已经体现出一定的编辑要素，我们可以将其看成是正式图书出现之前的原始编辑活动。

周代（前1046—前256），政府已经开始设置专门的图书典藏机构。这一时期，图书已经正式出现。公元前770年之后，诸侯纷争，私人著书的风气逐渐高涨。儒家的创始人孔子（前551—前479）还对一些重要的古代典籍进行了系统的编辑、整理，并以其为教科书，在民间讲授。因此，孔子也被视为中国历史上的第一位著名的编辑家。至此，中国的书业历史开始走向一个新的发展阶段。

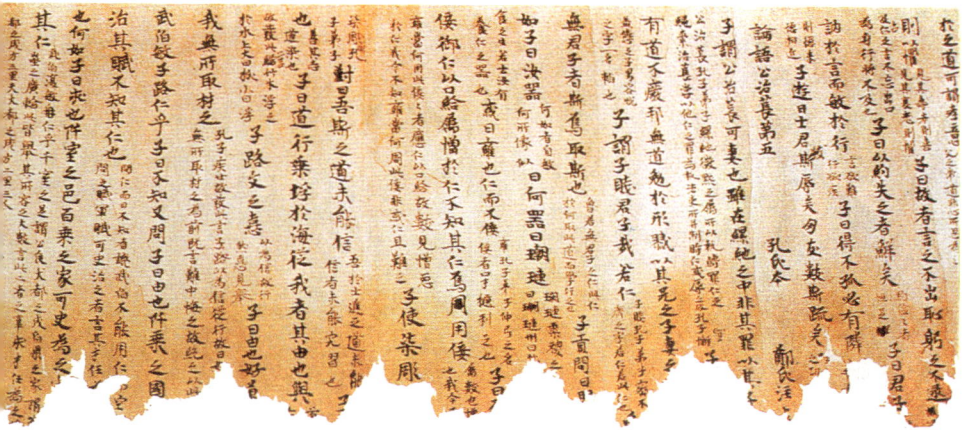

唐代写本《论语》残页。《论语》忠实地记载了孔子的思想。

从甲骨到纸——出版物的载体

汉字发明以后，就同时出现了这样一个问题：把文字写或刻在什么样的载体上才更便于保存和流传呢？中国先民曾采用陶器、兽骨、青铜、玉石、竹木、丝帛作为图书典籍的载体，并在长期的生产实践中，综合了竹木和丝帛的优点，扬弃了二者的不足，发明了造纸术，对世界书业史和文明史作出了巨大贡献。

甲骨

中国先民较早用作书写材料的是甲骨，甲是龟甲，骨是兽骨，特别是牛的肩胛骨。契刻在这些龟甲和兽骨上的文字，就称为甲骨文或甲骨文书。甲骨是中国夏商周时期的一种重要文字载体。甲骨文盛行的时期为殷商和西周（前1046—前771）。

目前所发现的殷商甲骨文大多为商代中后期（前1300—前1046）的遗物。主要发现于殷都废墟（今河南安阳），故也称

刻在龟甲上的甲骨文

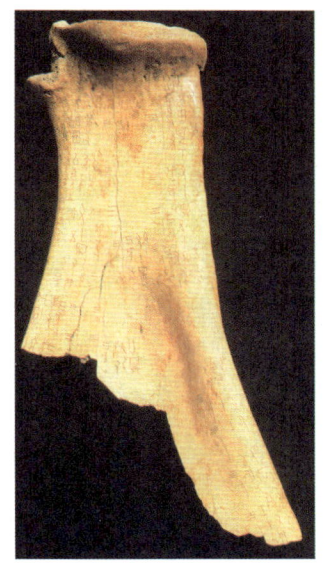

刻有文字的甲骨。甲骨文已经是比较成熟的汉字了。

"殷墟甲骨"。内容主要是商朝的占卜记录。商代人十分迷信，生活中的一切事情必须请问上帝神和他们的祖先，如对于打猎、农事、天象、收成、征伐、疾病、祭祀等事，都要进行占卜。大部分甲骨文就是当时记录的卜辞。除卜辞之外，甲骨文中还有记事刻辞，如记载战争中俘虏数字、打猎收获多少、封赏以及祭祀情况。单独的记事刻辞多刻在兽骨上。整体来看，甲骨文所记载的内容非常丰富，几乎涉及当时社会的各个方面。

甲骨文书从本质上讲是一种文书档案，但是从其记载的内容和装订的形式来看，它们已经具备了正式图书的部分要素。

青铜器

青铜是铜和锡的合金。用青铜制造的器皿，就叫青铜器。刻铸在青铜器上的文字，就称为"青铜器铭文"，或称"金文"。夏商之际为中国青铜时代的滥觞时期，商周时期（前1600—前771）已是中国青铜时代的鼎盛时期。

青铜器的种类繁多，形制复杂。既有日用器物，又有礼乐器。青铜器发展为祭祀用的礼器后，便成了建邦立国的"重器"，是权威的象征。由于青铜器受到如此的重视，所以一般贵族凡有重

郑州商城出土的商代早期大方鼎

利簋（西周时期），上面刻铸有周武王灭商的记载。

要文件需要长期保存或有重大事件需要永久留念的，便铸一件器物，将文件或事情记载在上面，让后世子孙永久保存。铸造在上面的文字便成为铭文。

迄今为止，中国已经发现和著录的铭文数以万计，从商朝一直到汉朝（前206—公元220）都有发现，其中不少是长篇铭文。现存青铜器铭文最长的是西周时期的毛公鼎，共497字。青铜铭

毛公鼎铭文及其拓片

文的主要内容比甲骨文要丰富，涉及到社会的许多方面。其内容大致包括祭祀典礼、征伐纪功、赏赐记事、书约文件、天子训诰、颂扬祖先等。

与甲骨文相比，青铜器铭文的篇幅大为增加，用途更加多样，部分铭文已是有意识地要人阅读，传播范围更为广泛，所起的书籍作用更加明显。

石刻

在石上刻字纪事，是古人的一种风气。石头的来源广，而且易于长久保存，比用金属器物要方便易行，露天石刻具有公开性和展示性。春秋时期（前770—前476），已经有了关于石刻文字的记载。中国现存最早的石刻文字是春秋时的石鼓文。唐代初期在陕西省凤翔县出土了十个形状似鼓的刻石。每个鼓的四周都刻有文字，字体在金文和小篆之间，内容是有关打猎活动的诗句，故又称"猎碣"。

秦始皇（前259—前210）发展了刻石之风，他在位12年，曾多次出巡，所到之处，常记文于石，来宣扬他统一天下的功德。东汉时期（25—

石鼓原物及其拓片

220），中国刻石之风大盛，往往在石头上刻下鸿篇巨制。其中最著名的石刻图书是"熹平石经"，它开启了古代儒家石刻经典之先河，在图书发展史上具有特殊意义。自"熹平石经"以后，历代仿效者不绝如缕，先后

秦始皇峄山刻石拓片

还有六次大规模的刊刻活动。完整保存至今的只有唐代"开成石经"和清代"乾隆石经"，前者在西安碑林，后者在北京国子监。

　　除在石碑上刊刻儒经以外，历代还刊刻佛教经文和道教经

唐代"开成石经"，现存陕西西安碑林。

典。现存最宏伟的佛经碑群是北京房山区石经山的佛经刻石。该处刻经始于7世纪初，至12世纪方停止。共刻佛经1122部3572卷于14278块石板之上。这些石经，世称"房山云居寺石刻佛教大藏经"，简称"房山石经"。

竹木简牍

在造纸术发明以前，中国使用最早、时间最长、应用最广、影响最大的书写材料是经过整治的竹片和木板。一根竹片称"简"，将许多根简编连在一起称"策"（册），合称"简策"。加工后没有写字的木片称"版"，写了字的称"牍"。细一些的称"木简"，木质的合称"版牍"，竹木的合称为"简

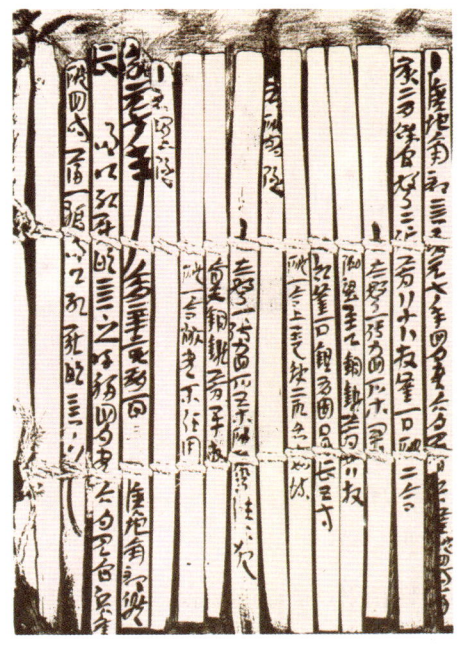

居延出土的西汉兵器簿木简

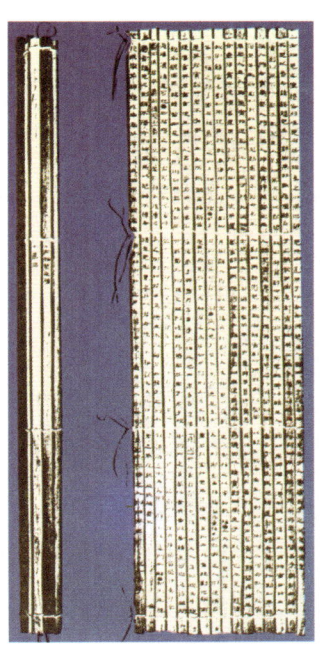

武威汉简

牍"。从时间上看，竹木作为书写材料的时间十分久远，最早可以追溯到公元前21世纪之前，甚至比甲骨、金石还要早一些。

从内容上看，竹木所载极为广泛。其内容可分为文书档案和书籍两大类。书籍类的竹简有儒家经典、史地书、法律书、兵书、历谱等，内容相当广泛。与甲骨、金石等载体相比，竹木的优点十分明显：一是取材容易，满山遍野，价廉易得；二是整治工艺简单，方便书写修改；三是可连缀成册，使容量加大，可书写长篇宏论，便于文化普及。正因为有这些优点，在造纸术发明后，简牍和丝帛、纸张仍并行了几百年，到公元4世纪东晋（317—420）末年才退出书写材料的舞台。

帛书

写在绢、缯、缣、帛上的文字为帛书，亦称素书。丝织文化起源于中国，为世界所公认。据古籍记载，至迟在春秋时期，丝帛就已开始应用于书写。其盛行时间大约在战国至三国（220—280）之间，前后约七八百年。

至于实物，则有1934年在长沙楚墓中发现的帛书，通称"楚缯书"。上有毛笔黑墨书写的文字，提到许多古代传说中的重要人物，四周为彩绘奇形图像，这是现存最早的一件帛书实物。

战国楚缯书局部

帛书《战国纵横家书》

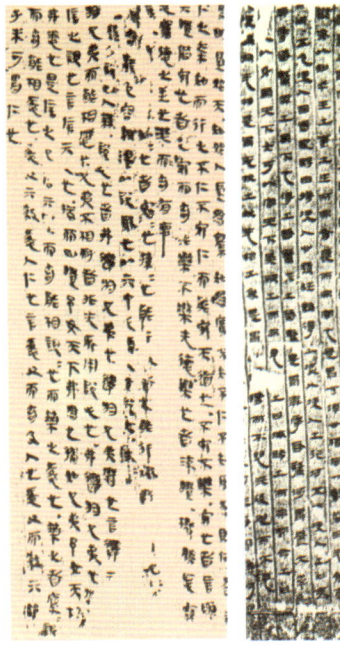

帛书《老子》甲本、乙本

最多的一次发现是1973年长沙出土的马王堆汉墓帛书，有《老子》（甲、乙本）《易经》《战国策》《战国纵横家书》等计20种，凡12万多字。除用于书写外，缣帛还可以绘图，包括竹简书的附图和地图。马王堆帛书中就有《导引图》和三幅古地图。

缣帛质地轻软，容量较大，体积甚小，克服了竹木简牍笨重的缺点，是书写材料的一大进步。但它毕竟是一种成本价值较高的丝织品，除贵族外，一般人是用不起的。它最大的功绩是启发了人们的思路，如何能制造出一种新的书写载体，既具备帛书的所有优点，又价格低廉，不那么昂贵。经过多年探

长沙马王堆1号墓帛画

索，中国先民终于在漂丝和沤麻的基础上，发明了造纸术。

造纸术

造纸术是中国古代科学技术发展的一项伟大成就，它同印刷术、火药、指南针一起被称为中国古代的四大发明。

众多的考古发现充分证明：中国古代劳动人民在长期的生产实践的基础上，在西汉时期发明了植物纤维纸。截至目前，从汉初文帝（前180—前157年在位）以下一直到新莽（9—23）为止，几乎西汉历代皇帝在位时期所造之纸都陆续不断地发掘出来。1986年在甘肃天水放马滩汉代墓葬区发现的古纸，出土时呈黄色，纸薄而软，纸上绘有地图，时间约在公元前176—前141年。1942年在甘肃额济纳河东岸查科尔帖汉烽燧遗址发现的古纸，纸上有文字7行，共50字，纸黄间灰色，时间约在公元前89—公元97年。1990年在甘肃敦煌甜水井汉悬泉邮驿遗址中发现的古纸，呈

画有地图的西汉古纸（时间约在公元前176—前141年，1986年甘肃放马滩出土）

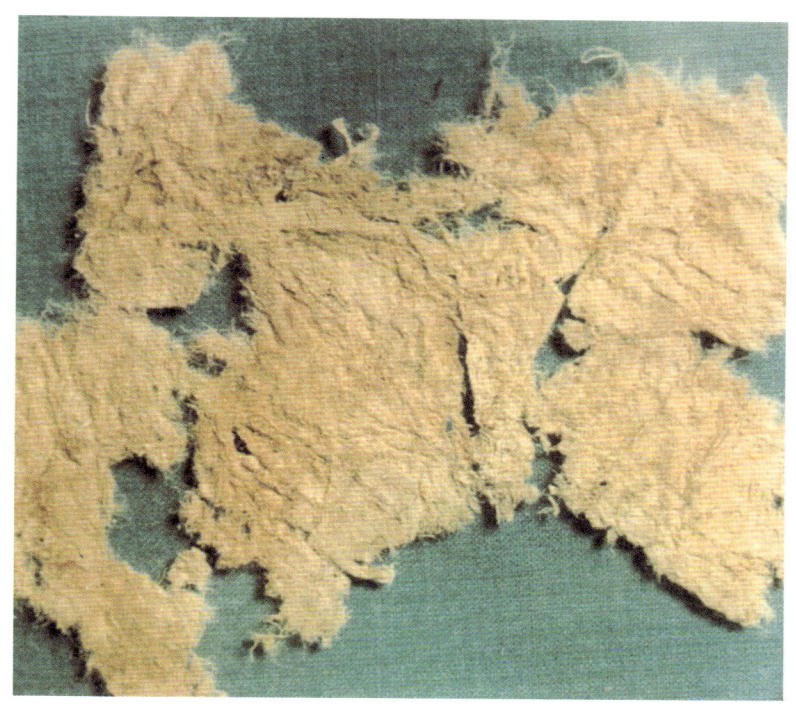

西汉古纸残片（1979年敦煌马圈湾出土）

浅黄色，纤维较细，质地好，纸上有文字，时间约在公元8—23年。大批西汉古纸的发现，证明了公元前2世纪中国已经出现了用于书写和绘画的植物纤维纸。

植物纤维纸有纸草之便而不易破裂，有竹木之廉而体积不大，有缣帛羊皮之柔软而无其贵，有金石之久而无其笨重。它的出现，使记录知识、传播知识的工具实现了根本性的变革，对图书出版印刷事业的发展和社会的进步起了重大的推动作用。

东汉时期，蔡伦（约63—121）对造纸技术进行了改进，并于公元105年呈送给皇帝，得到皇帝的称赞。从此以后，这种纸就在全国推广开去，并得到了"蔡侯纸"的美誉。此后，造纸的技

27

汉代造纸工艺流程图（1、3洗料，2切料，4烧制草木灰水，5蒸煮，6捣料，7打槽，8抄造，9晒纸、揭纸）

术不断提高，成本不断降低，逐渐成为社会上最为普遍的书写材料。公元4世纪，纸张完全取代了竹木简牍和丝帛，成为中国社会上通行的书写材料。

书业历史的演进历程

以造纸术和印刷术的发明为标志，可以把中国古代出版历史划分为四个阶段：从公元前21世纪夏王朝建立到公元前2世纪前后造纸术发明，为竹帛并行时期；从公元前1世纪到公元7世纪印刷术发明，为纸写本时期；从公元7世纪到19世纪40年代西方机械化印刷术传入前，为手工印本时期；从19世纪40年代到20世纪初，为机械印本时期。20世纪以后，中国出版业正式进入现代出版形态，与世界出版潮流同步发展。

竹帛并行时期（公元前21世纪—前2世纪）

竹帛并行时期，中国出版活动逐渐从萌芽状态走向成熟，在文字载体、著述编撰、传抄复制、图书形制等方面都取得了很大的进展，最终成为一种自成体系的历史活动，具有鲜明的时代特征。

这一时期，汉字在早期演进的基础上，历经甲骨文、金文、篆文，演进至隶书，使得文字书写的便捷性大大加强。广泛使用的文字载体主要有竹木、甲骨、金石、丝帛，其中又以竹木的使用时间最长，范围最广，由此而形成了早期中国的图书形制——竹木简牍。

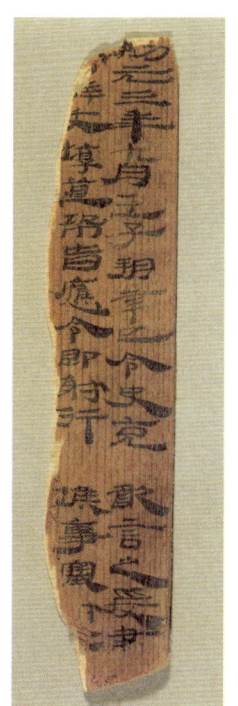

汉代简牍遗存，发现于甘肃居延地区。

29

随着学术文化的发展和文字载体的变化，中国图书典籍的数量和篇幅大幅度增加，其中就包括了《周易》《诗经》《论语》《老子》《孙子兵法》《史记》等一大批能代表中国文化精髓的书籍，这些书籍，字数少则三五千，多则几十万，主要书写在竹木简牍上流传后世。

图书的典藏活动也渐次展开，政府图书机构的藏书量大为增加，职能更为健全，集图书编辑、整理、著述和典藏为一体，类似于政府出版机构，出版发行了一大批政府出版物。

学术文化的发展使得人们对图书典籍的需求量日益增加。汉代将儒家定为官学以后，更激发了全社会读书求学的热情。从图书产生之日起，图书的传播活动也如影随形地开展起来。人们通过传抄、借阅、师徒传授等方式，让图书得以广泛传播。

从图书产生之日起，图书的传播活动也如影随形开展起来。人们通过传抄、借阅、师徒传授等方式，让图书得以广泛传播。抄写图书因此而成为一种专门的职业。这一时期，图书的贸易活动也逐渐展开，公元前2世纪后期，在当时的国都长安以及部分经济文化比较发达的城市，已经出现了中国历史上最早的民间书店——书肆。

从公元前3世纪开始，中国就与周边国家和地区有了经济文化上的交流。中外图书出版交流活动也逐渐展开。这一时期，印度的佛教和佛教典籍开始传入中国，对中国社会文化造成了极大的影响。

公元前2世纪，中国先民经过长期的探索，发明了造纸术。此后，在相当长的一段时间里，纸张和竹帛曾同时被人们使用。直到公元5世纪初，纸张才由当时的皇帝下令，全面取代竹帛，成为社会上通行的书写载体。

纸写本时期（公元前 2 世纪—公元7世纪）

中国的出版事业在这一时期开始走向初步繁荣。其中，公元前2世纪至公元4世纪为纸写本的初期阶段，此时简、帛、纸三者并行；5—7世纪为纸写书的主要阶段，并发展到高峰时期；8世纪以后，随着印刷术的广泛应用，纸写本书与印本书共同存在了一段时期后，印本书开始成为中国古代书籍的主流。从实际来看，纸写本的历史则长达上千年。

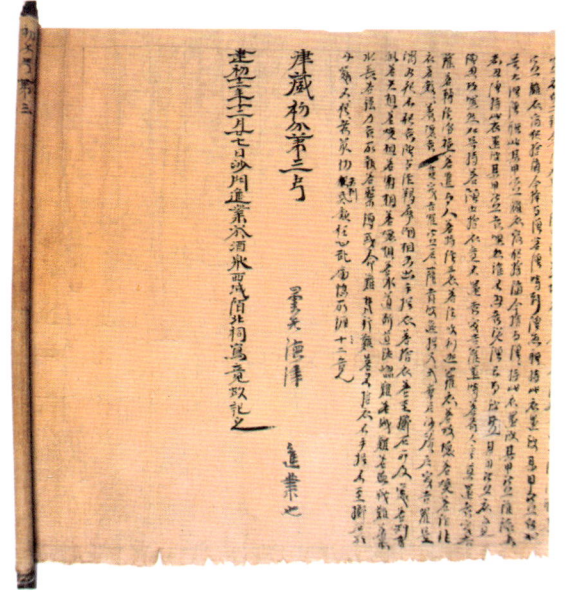

甘肃敦煌藏经洞发现的早期卷轴装：公元416年的佛经写本

纸张彻底成为社会上通行的文字载体后，从抄写到制卷，逐渐改进、发展，形成了一套完整的书籍制度：卷轴制度。

这一时期，图书的数量和类型大幅度增加。据粗略统计，从公元25年至618年，中国共出现著作11754部，73200多卷。涌现出了类书、文集、韵书、姓氏谱等新型著作。佛经的翻译在这一时期呈现出繁荣景象，从公元220年到618年，共计翻译佛经1500余部，4000多卷，翻译水平大大提高。同时，随着纸张的广泛应用，单部著作的篇幅和字数大量增加，几十万字的著作已经比较常见。

随着图书数量的增多和类型的丰富，图书的整理和编目工作逐渐展开。公元前26年—前6年，刘向在皇帝的支持下，组织学者对当时的国家藏书进行了系统的整理，共整理出图书13269卷。这是中国历史上第一次由政府组织进行的大型图书整理工作。在整理过程中，刘向等人还为每本书写了书目提要，编创了中国古代第一部系统的综合性图书目录。他们将整理的图书分为六大类：六艺略主要是儒家的经典著作以及学习六经的基础读物；诸子略包括先秦以降诸子百家的著述；诗赋略主要包括诗歌、汉赋等文学作品；兵书略收军事著作；数术、方技二略则主要收录自然科学和应用科学方面的著述。这就是中国历史上著名的图书"六分法"。

刘向之后，历代均有整理国家藏书、编制图书目录之举。随着图书出版情况的变化，图书的分类方法也随之发生变化。636年，魏征等人编成《隋书》，在此书著录国家藏书的目录"经籍志"中，著录存书3127部，计36708卷；佚书1064部，计12759卷。魏征等人还在前代图书分类体系的基础上，将所著录的图书分为经、史、子、集四部（类），其中经主要指儒家经典著作，史是各种体裁的历史著作，子是诸子百家以及佛、道宗教类著作，集主要是文学类书籍。这就是中国古代著名的图书"四分法"。四部之下又分为40个小类。此外又另附道经、佛经。

《隋书·经籍志》在一定程度上反映出了纸写本时期中国图书的概貌和结构，进而反映出中国古代文化的特征和传统学术的结构。《隋书·经籍志》对中国后世的书目类例影响很大，后世的图书目录几乎都依此法而编制。直至今天，中国很多地方在古籍的整理、编目工作中，仍采用四部分类法。

　　这一时期的图书复制手段仍以抄写为主，图书贸易已经成为新兴的文化行业，人们对书籍的需求量大大增加，名人的著作开始在社会上广泛传播。社会上出现了大量以抄书为业的"经生"，代人抄书已经成为一种专门的职业。随着纸的推广和制墨工艺的不断改进，文献复制技术取得了前所未有的发展，在传统的手工抄写复制技术更加兴盛的同时，捶拓技术、水色印章等相继产生，为印刷术的发明创造了技术上的条件。

　　这一时期，中国的书籍和造纸术开始传入越南、朝鲜、日本等周边国家，对周边国家出版事业的发展产生了极大的影响。

手工印本时期（公元7世纪—19世纪40年代）

　　公元7世纪至19世纪40年代，中国的出版技术一直以雕版印刷为主。这一时期，被称为中国古代出版的"手工印刷时代"。

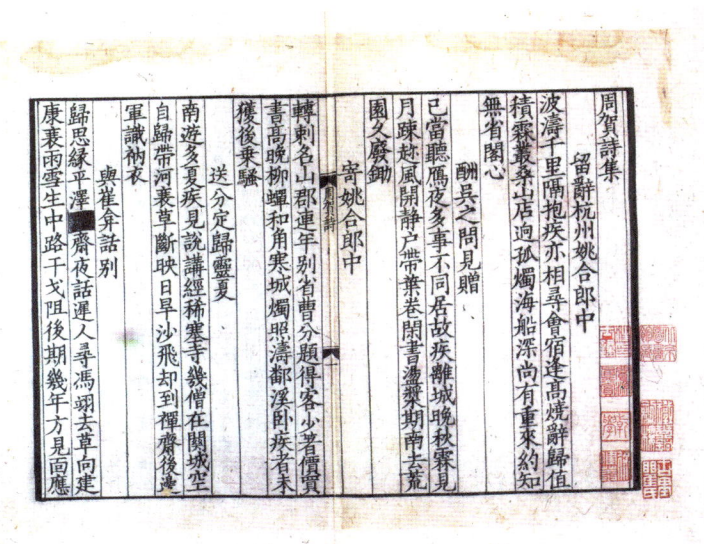

宋临安府（今杭州）陈宅书籍铺刻本《周贺诗集》，为宋代坊刻的代表作。

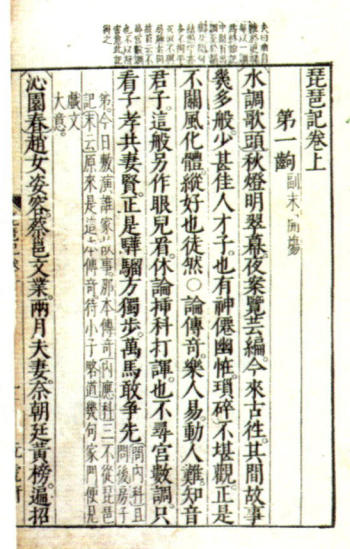

明万历二十五年 (1597年) 刻本《琵琶记》, 当时戏曲小说的刊本已经十分普遍。

中国古代出版业在这一时期达到鼎盛。至迟在公元7世纪, 中国就发明了雕版印刷术。此后, 又先后发明了活字印刷术和套版印刷术。印刷术的发明和广泛应用, 标志着中国的出版事业跨入了一个历史的新阶段, 图书在数量和质量上都产生了新的飞跃。从此以后, 中国的刻书事业逐渐兴起, 很快就形成了官刻、私刻、坊刻、寺观刻书、书院刻书五大出版系统, 五大系统互相影响、互相促进而向前发展。

这一时期的图书数量飞速增长, 官修私撰都达到了一个空前发达的时代。仅明代一朝, 就出现著作14000多部, 218029卷。图书的部头和篇幅大为提高, 涌现出了以《永乐大典》、《四库全书》为代表的巨型著作。大量卷帙庞大的著作, 如儒家经典、史学著作、大藏经等都被多次刊刻, 每一次刊刻都是大规模的出版活动，充分印证了中国古代印本时期的出版能力。

随着图书生产能力的提高，官私藏书也得到了极大的发展，在图书的典藏和保护方面积累了丰富的经验，涌现出了皇史宬、天一阁等著名藏书楼。与此同时，在图书的流通和贸易方面，政府机构、官办学校都从事印售书籍的活动，民间书坊更为活跃。在全国的几大出版中心，书坊林立，出版业被注入了更为浓烈的商品经济意识，出现了图书广告和注重版权保护等新的现象。

在图书形制方面，适应印刷术的发展需求，中国古书开始演变为册页制度，出现了经折装、蝴蝶装、包背装、线装等多种装帧形式，并最终定型为线装图书。

这一时期的图书流通和贸易活动进一步发展，呈现出异常繁荣的局面。政府机构和民间书商都从事印刷售卖图书的活动。民间书坊更为活跃，出版业被注入了更为浓烈的商品经济意识。与

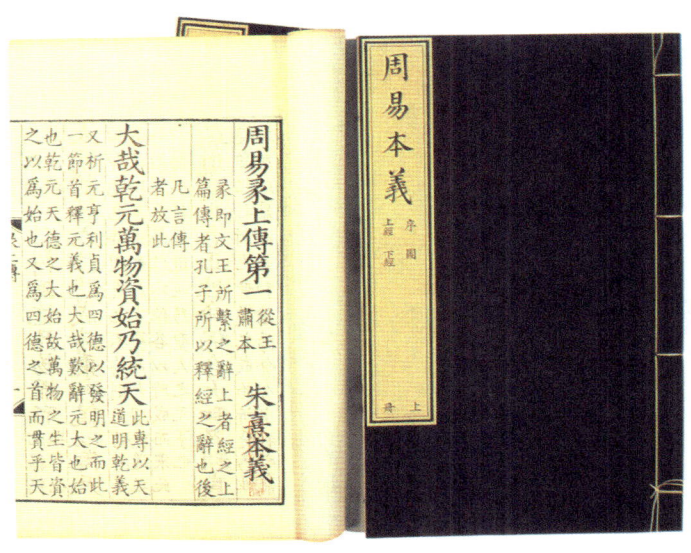

清康熙内府大字刻本《周易本义》

此同时，中外出版交流在更大范围内展开，中国书籍大量输出，造纸术和印刷术传遍欧亚大陆，深刻地影响着世界出版事业的发展。16世纪末期，西方传教士开始在中国从事翻译、著述活动，给当时的出版界和文化界带来了一股新鲜的气息。

但是，直到19世纪，中国的出版业仍未能脱离手工操作的藩篱，未能产生出资本主义的经营方式，图书内容和形式方面也没有多大创新。因此，到19世纪时，中国的出版业已经落后于世界先进水平。1840年鸦片战争以后，中国传统社会逐渐瓦解，开始走上近代化的发展道路。随着西方现代出版技术的输入，中国的出版事业也发生了从古到今的根本性变革。从此以后，中国出版事业开始进入机械化印刷时代。19世纪末20世纪初，随着商务印书馆、中华书局等一大批民营书局的创立，中国出版界终于摆脱了停滞落后的发展态势，开创了中国新式出版的辉煌局面，开始书写中国书业的新篇章。近代和当代的中国出版业会在本书中分别单列篇章介绍，此处不再赘言。

典册载籍

古代中国图书的制作

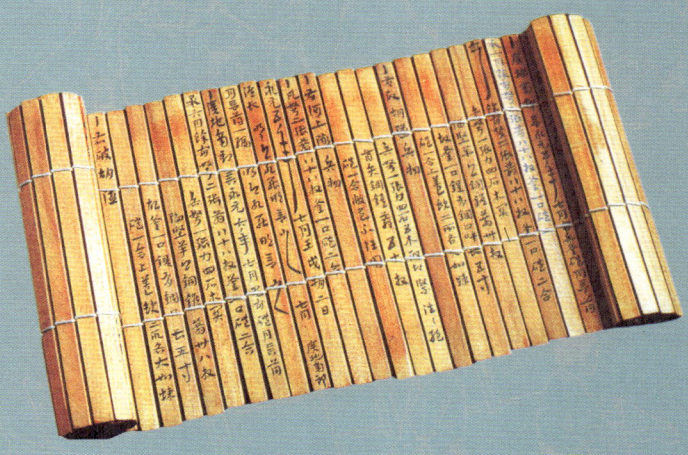

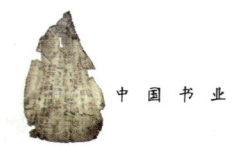

图书的内容选择与编辑

整体来看，中国古代图书的编辑形式可分为两类：一类是政府主持的官修，此类图书多由集体修撰而成，如《永乐大典》、《四库全书》，等等；一类则是私人编修的图书，多由作者或编者以一己之力完成，如《史记》、《全上古秦汉三国六朝文》，等等。历代编纂者在长期的工作实践中探索出了一整套系统而成熟的编辑程序，形成了丰富的编辑思想，对后世影响深远。

中国古代图书的内容非常浩博，而且随着时代的发展在不断丰富与创新。从今人王余光统计的历代著作统计表中，可见中国古代图书之一斑。

中国历代著作统计表

朝代	年数	总著作部数	总著作卷数	平均每百年著作部数	增长率
西汉及以前（公元25年前）	747	1033	13029	138	
东汉（25—220）	195	1100	2900	564	309%
魏晋南北朝和隋（220—618）	398	10654	70304	2679	375%
唐五代（618—960）	342	10806	185074	3160	18%
宋（960—1279）	319	11519	124919	3611	14%
西夏和辽金元（906—1368）	462	5970	52891	1292	－64%
明（1368—1644）	276	14024	218029	5081	293%
清（1616—1911）	295	126649	1700000	42932	745%
民国抗战以前（1912—1937）	25	71680	91378	286720	568%

中国古代图书的内容可以从中国历代编修的书目中得到很好的反映。

中国古代正式的、大规模的校书编目工作始于西汉。西汉末年，著名学者刘向、刘歆父子受命整理国家藏书。他们根据西汉国家藏书的实际情况，在总结和吸收前人有关学术分类和图书著录的成果的基础上，将整理的图书分为六大类。《汉书·艺文志》的著录情况大致可以反映刘氏父子的图书分类情况：

明代穴研斋抄本《战国策》。《战国策》一书即由刘向等人整理和命名。

辑　略：总序；

六艺略：分易、书、诗、礼、乐、春秋、论语、孝经、小学9种，著录图书129家，2926篇，图1卷；

诸子略：分儒、道、阴阳、法、名、墨、纵横、杂、农、小说10种，著录图书187家，4346篇；

诗赋略：分屈原赋之属20家、陆贾赋之属21家、孙卿赋之属25家、杂赋、歌诗5种，著录图书106家，1313篇；

兵书略：分兵权谋、兵形势、兵阴阳、兵技巧4种，著录图书 66家，1375篇，图 44卷；

术数略：分天文、历谱、五行、蓍龟、杂占、形法6种，著录图书110家，2557卷；

方技略：分医经、经方、房中、神仙四种，著录图书36家、862卷。

共著录图书6大类、38种、634家，13397篇，图45卷。

其中，六艺略主要是儒家的经典著作以及学习六经的基础读物，置于首位，这是汉代"尊经崇儒"的体现。诸子略包括先秦以降诸子百家的著述。诗赋是汉代特别发达的一种文体，所以单列一略。兵书略收军事著作，在战争频仍的年代，兵书对于巩固封建政权很有作用，春秋战国以来此类书也较多，所以列于术数、方技二略之前。术数和方技主要收录自然科学和应用科学方面的著述。辑略则是"六略之总要"、"诸书之总要"，用来说

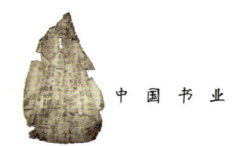
明六略图书的意义和学术源流，阐述六略的相互关系和六略图书的用途，相当于图书的总序，故列于六略之前。这样的图书分类体系大致反映了中国西汉以前的图书内容及学术发展情况。

汉代以后，随着中国书业的发展，图书的分类体系也随之发生变化。唐朝初年，魏征（580—643）等人编撰《隋书·经籍志》时采用了经、史、子、集四部分类法，此外又另附道经、佛经。在四部之下又分40个小类：计经部10类、史部13类、子部14类、集部3类，道4种，佛11种。其具体类目为：

经部：易、书、诗、礼、乐、春秋、孝经、论语、谶纬书、小学。

史部：正史、古史、杂史、霸史、起居注、旧事、职官、仪注、刑法、杂传、地理、谱系、簿录。

子部：儒、道、法、名、墨、纵横、杂、农、小说、兵、天文、历数、五行、医方。

集部：楚辞、别集、总集。

另附：道经、佛经。

这一分类体系可大致反映中国唐代以前的图书出版和学术发展情况。《隋书·经籍志》四部分类体系对后世书目类例影响很大。其中采用四分法著录，体例最完备，内容最丰富，影响最大的当数《四库全书总目》。

《四库全书总目》又名《四库全书总目提要》，是清代编修《四库全书》时的连带产物，是编纂官根据准备辑录图书的内容、著作朝代、作者简历、版本源流等写出提要，并由

《四库全书》总纂修官纪昀像

总纂修官纪昀（字晓岚，1724—1805）修改定稿，呈皇帝审定的书目。《总目》著录收入《四库全书》的古籍3461种、79309卷以及未收入《四库全书》的存目6793种、93550卷。这些书籍基本上包括了清代乾隆以前中国古代的著作。《总目》共200卷，分为4部44类66属：

经部：易类、书类、诗类、礼类、春秋类、孝经类、五经总义类、四书类、乐类、小学类等10大类；

史部：正史类、编年类、纪事本末类、杂史类、别史类、诏令奏议类、传记类、史钞类、载记类、时令类、地理类、职官类、政书类、目录类、史评类等15大类；

子部：儒家类、兵家类、法家类、农家类、医家类、天文算法类、术数类、艺术类、谱录类、杂家类、类书类、小说家类、释家类、道家类等14大类；

集部：楚辞、别集、总集、诗文评、词曲等5大类。

《总目》集古代图书四部分类法之大成，具备部有总序、类有小序和各书有提要等完备的传统编目体制。通过这一体系，对中国18世纪以前的学术进行了一次总结。因此，《总目》不仅篇帙巨大、体例较备、内容丰富，而且还具有一定的学术价值。

印刷与抄写——出版物的复制技术

印刷术的发明是人类社会发展史上一件具有重大意义的事情，它极大地促进了人类文化和整个世界的进步。中国是最先发明印刷术的国家。中国古代的印刷术可分为三种：雕版印刷、活字印刷、套版印刷。其中以雕版印刷发明最早，使用最为广泛。

印刷术发明以后，中国开始进入印本时代，印刷出版业日趋繁盛。在印刷时代，手抄本书并没有因为印本书的繁荣而废止，而是长期大量存在，与印本书互为补益，并行不悖。

雕版印刷

雕版印刷也叫整版印刷或木板印刷。版材一般取梨木或枣木，用写就的薄纸样稿覆贴在木板面上，由刻工刻成反向的图文版，以为印刷底版，然后涂上水墨，印于纸上。因旧时手工操作，在印版上用棕刷涂墨，将纸铺在版上，再用净刷在纸背刷过，故称为雕版印刷。就目前所掌握的材料而言，中国印刷术至迟出现在7—8世纪之间（初唐至盛唐时代），其起源时间应该是在6—7世纪之交。

在存世的唐代文献中，有多处关于唐代印刷术发明并得到广泛应用的记载。唐穆宗长庆四年（824年），诗人元稹（779—831）为白居易（772—846）《白氏长庆集》所作序言中称，当时元稹和白居易的诗集已经被大量刊印，在民间广泛流传，且已进入书店发卖。大和九年（835年），因为民间私人印刷历书数量渐成规模，朝廷不得不下令禁止。很多这样的记载都说明雕版印刷术已经在9世纪被广泛应用于刊刻书籍。由此可以推断，雕版印刷术的发

雕版印刷工具

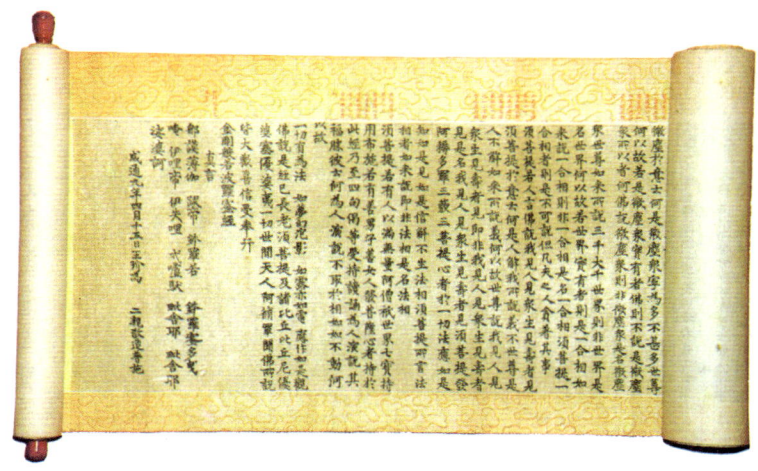

唐咸通九年（868年）印本《金刚经》

明时间要早于这些记载。

从现存的印刷实物看，现存早期的雕版印刷品也都出自唐代，其中最著名的是在敦煌发现的唐懿宗咸通九年（868年）雕版印刷的《金刚经》。这是现知世界上最早的刻印有确切日期的雕版印刷品。经卷首尾完整，图文浑朴凝重，刻画精美，刀法纯熟，墨色均匀，印刷清晰，表明是一份印刷技术已臻成熟的作品，绝非是印刷术初期的产物。

20世纪在韩国和日本也出土了一批唐代武则天时期（690—705）的汉字印刷品，如在韩国庆州佛国寺释迦塔内发现的《无垢净光大陀罗尼经》，以及

出土于韩国的《无垢净光大陀罗尼经》

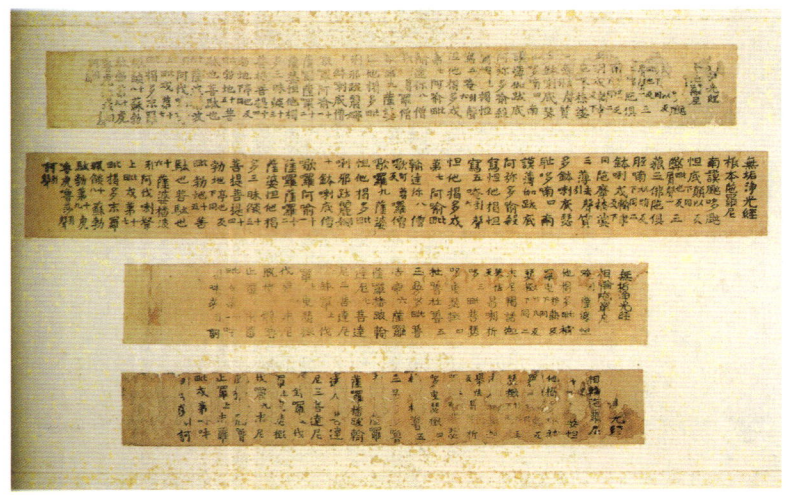

日本《无垢净光大陀罗经》(百万经咒)

在日本大和省的法隆寺和英国伦敦博物馆收藏的由公元770年以前日本称德天皇（764—770年在位）下令刻印的百万经咒。这些在韩国和日本发现的印刷品实物说明，到唐武则天和唐玄宗（710—756年在位）这段时期，中国的雕版印刷技术已发展到了一个较高的水平，而且刻印数量开始增多，已经具有一定的规模和技术水平，然后才能向国外传播。

活字印刷

活字印刷术就是预先制成单个活字，然后按照付印的稿件，拣出所需要的字，排成一版而施行印刷的方法。采用活字印刷，一书印完之后，版刻拆散，单字仍可用来排其他的书版。

胶泥活字是世界上最早出现的活字，其发明者是中国北宋时期（960—1127）的平民毕昇（？—1051），发明时间应为北宋庆历年间（1041—1048）。关于此事，与毕昇同时代的科学家沈括

毕昇像

（1031—1095）在《梦溪笔谈》一书中作了较详细的记载，从中我们可以了解活字的创制方法和活字印刷的整个工艺流程。

毕昇去世后，其活字为沈括的子侄所得，就在沈括写《梦溪笔谈》时仍在保存着，足以证明这一记载的可信度和权威性。毕昇之后，历代都有依毕昇之法制作泥活字并印刷图书者。

元代（1206—1368）时，人们又开始使用木活字印刷图书。著名农学家王祯在这一方面作出了独特的贡献。元大德二年（1298年），王祯曾用木活字试印自己纂修的6万多字的《旌德县志》，不到一月就印好100部，比雕版印刷的效率高得多。王祯把这些经验写成了《造活字印书法》，保存了珍贵的历史文献。他还创

王祯发明的转轮排字架复原图

回鹘文木活字，敦煌洞窟出土，13世纪初之物，为最早的字母活字。

造了转轮排字架，把木活字按韵和型号排列在两个木制的大转盘里，排字工人可以坐着拣字，只须转动轮盘，就可以拣到所需要的字。

元朝时，木活字已传到少数民族地区，被用于少数民族书籍的印刷。甘肃敦煌千佛洞曾发现几百个硬木制成的回鹘文活字。

清朝最大的一次采用木活字印书的活动，是乾隆三十八年（1773年）印刷《武英殿聚珍版丛书》。主持其事的金简还把刻

乾隆木活字本《武英殿聚珍版程式》

印经验写成了《武英殿聚珍版程式》一书，这是中国印刷史上又一重要文献，被译成德文、英文等多种文字，流布国外。

中国古代金属活字包括铜活字、锡活字、铅活字。其中，铜活字使用最早，使用次数最多，均以手工雕刻而成。用铜活字印书到15世纪末开始兴盛起来，当时江苏一带有不少富家铸铜活字印书，最有名的是无锡的华燧、华坚和安国几家。

清代铜活字印刷以内府本《古今图书集成》最为著名。雍正四年至六年（1726—1728），清内府以铜活字用大小两种字体排印了65部，每部5200册。这是中国用活字排印的字数最多的一部大型书。其卷帙之富、排印之精，史无前例。

套版印刷

套版印刷术是在雕版印刷术的基础上发展起来的。套版印刷是在一张纸上印出几种不同的颜色。人们将需要印上不同颜色的部分，分别刻成同样大小规格的版，逐次印在同一张纸上。用这种方法印出的书本称为"套版本"。套版发明初期，多用朱、黑两种颜色印刷，这样印出来的书称为"朱墨本"或"双印"。后来发展到四色、五色套印。根据用色的多少，套印的书

【武英殿聚珍版丛书】

乾隆皇帝在修《四库全书》时，下诏刊印从明《永乐大典》中辑出的大批失传古书。因数量大，雕版印刷耗费财力、人力，时间又太长，主办人金简建议用木活字排印，得到乾隆的批准，并把活字版名称改称"聚珍版"，以示文雅。金简雇工刻成大小枣木活字253500个，先后共印成《武英殿聚珍版丛书》134种，2300多卷。

清代铜活字印本《古今图书集成》

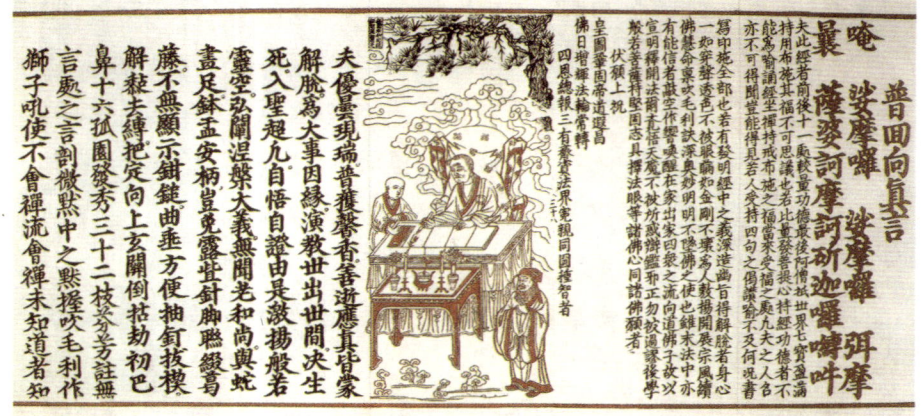

元至元六年（1340年）资福寺所刻《无闻和尚金刚经注解》

被称为"四色本"、"五色本"等。

根据考古发现推测，木板套印术的发明时间应在宋辽金时期，即960—1234年间，与活字印刷术发明的时间不会相差太远。现存实物中，有发现于山西应县佛宫寺释迦塔内的三幅彩色套印的《南无释迦牟尼佛》，其印刷时间应在辽统和年间（983—1012）。另有一部刻印于元顺帝至元六年（1340年）的《无闻和尚金刚经注解》，用两色印出。其经文为红色，注解为墨色，卷首灵芝图也是两色相间的。可见，在这一时期，套版印刷术已经开始被用于印刷图书。

明代后期（16—17世纪）是套版印刷技术盛行

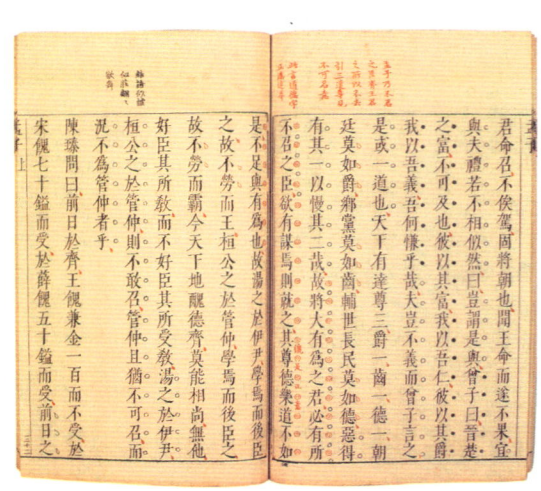

明万历年间闵氏三色套印本《三经评注》

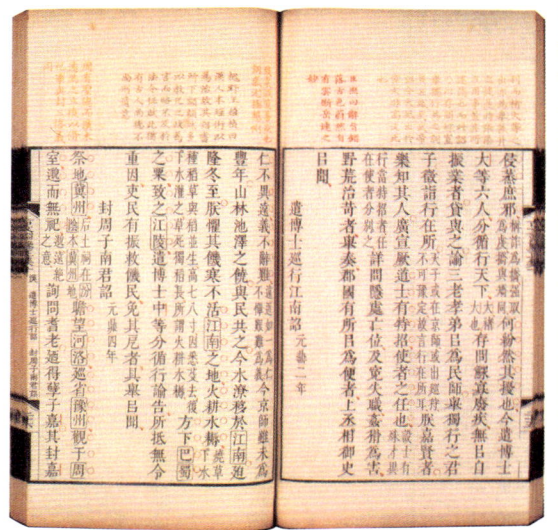

清康熙四色套印本《古文渊鉴》

清代苏州桃花坞年画《玉堂富贵》，采用木版彩色套印工艺印制。

的时期。我们今天常见的明代套印本，多为明万历年间（1563—1620）吴兴（今属浙江省）闵齐伋、凌濛初两家所刻。据不完全统计，两家共刻印了145种套印书籍，其中已知有三色套印本13种、四色套印本4种、五色套印本1种。两姓同邑，共操一业，世代相传，堪称中国印刷史上的一段佳话。

　　套印本在清代也有所继承。据《中国版刻综录》著录，清代套印出版者有40余家。官刻的有康熙年间的四色套印本《古文渊鉴》、二色套印本《御选唐诗》和乾隆年间的四色本《御制唐宋文醇》、五色本《劝善金科》等。民间私坊也有佳作，仅《杜工部集》就有道光年间（1820—1850）涿州卢坤的六色本和广东叶云庵的五色本，颇受时人欢迎。

共同繁荣的发展格局：五大出版体系

中国是古代出版印刷事业最先发达和最早普及的国家。早在唐五代时期就奠定了政府刻书、私家刻书和书坊刻书三大出版系统的基础，还有寺观刻书、书院刻书两支不可忽视的力量，形成了中国古代特有的图书出版体系。这几大刻书系统各具特色，在长期的发展过程中，为古代图书事业作出了不同的贡献，在古代文化典籍的传播和保存、文化知识的普及和延续方面起到了不可估量的作用。

官刻：政府出版

官刻即政府刻书，指的是中央国家机构以及地方各级行政文化机构出资或主办的出版印刷业。在印刷术发明以前，中国历代政府也都在从事图书文献的整理、编辑、抄写和传播工作，政府出版活动一直在延续。但由于复制手段为抄写，效率较低，图书出版的规模受到很大限制。印刷术发明以后，政府逐渐认识到这一技术的优越性，便大规模地刊印图书，逐渐形成了地位显赫、规模庞大、特色鲜明的官刻体系。

中国古代的政府刻书始于五代冯道（882—954）奏请刻印儒家"九

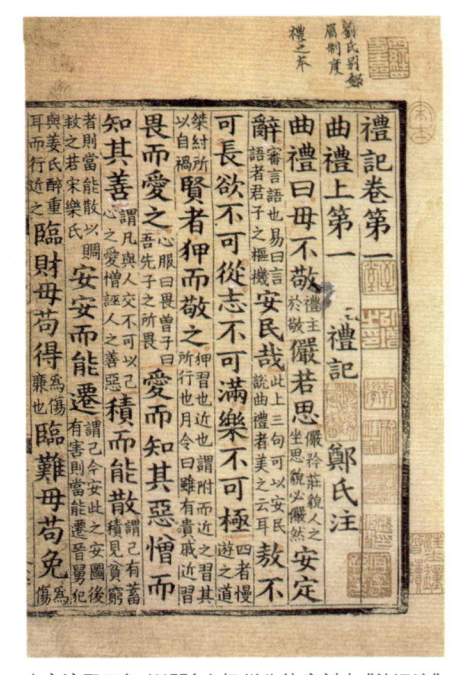

南宋淳熙四年（1177年）抚州公使库刻本《礼记注》

冯道（882—954），曾先后任五代后唐（923—936）、后晋（936—947）宰相。受民间印刷书籍流行的影响，为使儒家经典广颁天下，有益文教，冯道于后唐长兴三年（932年）奏请皇帝，以唐代"开成石经"为底本，雕印儒家"九经"：《周易》《诗经》《尚书》《周礼》《礼记》《仪礼》《春秋左氏传》《春秋公羊传》《春秋谷梁传》。皇帝同意了冯道的奏请，下令于当年开始印行。这些经书直到后周广顺三年（953年）才全部刻印完，历时22年。实际雕印了12部书籍，除"九经"外，还有《经典释文》《五经文字》和《九经字样》。因此次刊刻活动由国子监主持，故史称"五代监本九经"，创中国官刻书籍之始，也标志着印刷术从民间走入官府，影响了以后几个朝代，宋代国子监刻书就是以其为底本刻印的。冯道也因此被视为中国大规模官刻儒家经籍的创始人。

经"，兴于宋元，盛于明清。官刻一般分为中央和地方政府刻书。宋代国子监、明代中央内府、清代武英殿均是中央官刻的重要机构；宋代公使库刻书、明代藩王刻书则是地方官刻的代表。鸦片战争后，政府刻书逐渐衰败，逐渐为近代出版机构所取代。自有官刻以来，政府都非常重视，宗旨非

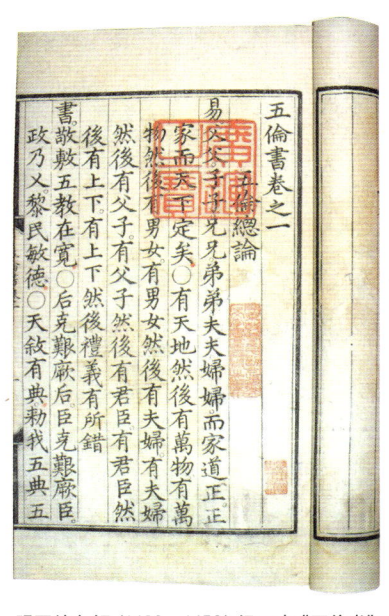

明正统年间（1436—1450）经厂本《五伦书》

常明确，主要将其作为教化民众及维护封建统治的工具。刻书内容比较集中，多为儒家经典、史学著作以及帝王御纂之书。由于财力雄厚，人才荟萃，刻书时不惜工本，质

清康熙内府铜版印本
《耕织图》

量也有保证，对全国出版业具有很强的示范作用。在保存中国文化典籍、普及文化知识、提高刻书质量方面贡献很大。

坊刻：民营出版

书坊，古代又称书林、书铺、书堂、书棚等，它是从汉代的书肆发展而来的。其前身是在街头闹市以图书作为商品交换的书摊和沿街叫卖而为市井服务的书贩。印刷术发明以后，书坊的业务范围大为拓展，不仅贩书、卖书，还要编书、著书、刻书和印书，一身而兼出版社、印刷厂、书店三者的职能。书坊刻书，主要面向民间，以营利为主要目的，经营方式较为灵活，商业味道比官刻、私刻都要浓厚，类似于今日的民营出版。

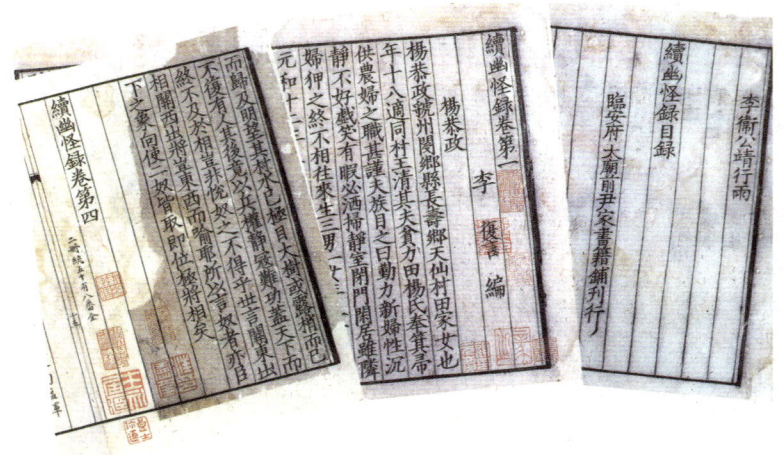

宋代临安尹家书籍铺刻本《续幽怪录》

在中国古代刻书系统中，坊刻兴起最早，大约始于唐代（约在8世纪左右），分布最广、数量最多、影响最大，是中国古代书籍生产的基本力量，是商品书籍流通的主体。民间书坊最先采用

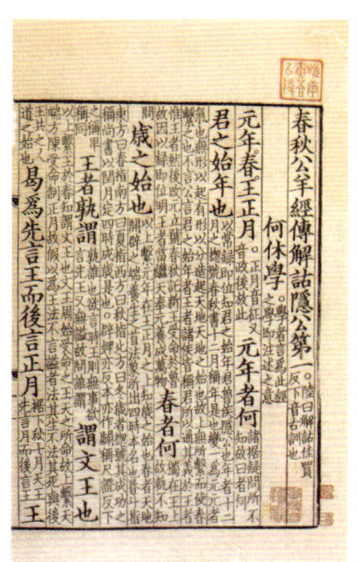

宋绍熙二年（1191年）建阳余仁仲万卷堂刻本《春秋公羊经传解诂》

雕版来印刷图书，为官刻和私刻的兴起奠定了基础。在长达千年的历史中，全国各地出现了不少刻书世家，世代相沿，苦心经营，历久不衰，不仅在刻书内容和版刻形式上形成了特有的风格，而且为传播和保存传统文化作出了重要的贡献。宋元时期的建安余氏与临安陈氏是其中的杰出代表。

私刻：私人出版

私家刻书又称私人刻书，简称私刻或家刻，是指私人出资刊刻图书的行为。古代私人刻书家多为达官显宦、文人学士或富商大贾，他们以名望为重，重视刻书质量，"为名而刻"、"商味较淡"的特点十分鲜明。很多私人刻书家就是著名的学者，将刻书活动与学术研究结合在一起。他们在搜集、编辑、刻印典籍的过程中，同时进行了校勘、训诂（注释）、考据、研究版本、编纂目录等一系列学术活动，建立并丰富了中国的"治书之学"。有的私人刻书家还在刻印技术上大胆创新，发展了铜活字、套版、饾版、拱花等印刷技术，采用影刻、复刻、影钞等方式保持古书原貌。所以，私刻书中向来多善本精品。

中国古代私家刻书始于唐代，至宋代成

宋咸淳年间（1265—1274）廖莹中私刻本《昌黎先生集》

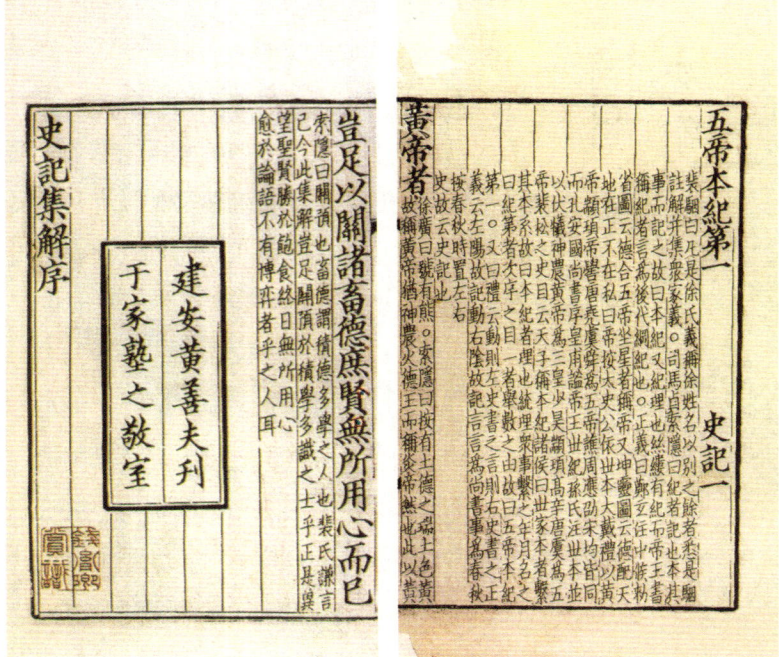

宋建安黄善夫家塾刻本《史记集解》

为一种风尚，与官刻、坊刻形成三家鼎足之势，所刻之书大多为
经史著作和名家诗文集，均以精善著称。

　　明代后期私刻业愈加繁荣，涌现出了一批著名刻书家，其
中最负盛名的是汲古阁主毛晋。毛晋（1599—1659），江苏常熟
人，是明代乃至中国古代出版史上最负盛名的民间出版家。毛晋
大约从30岁开始经营刻书事业，建汲古阁和目耕楼，藏书8万余
册，并雇人刊刻其中精华。终其有生之年，先后刻书600多种，共
计10万多块书版。刻书数量居中国历代私人刻书家之首。

　　清代私家刻书，大体上可分为两类：一类是学者文人所刻
自己的著作和前贤诗文。这类书大都是手写上版，即所谓"写

虞山毛晋汲古阁图

刻"，选用纸墨都比较考究，是私刻本中的精品。另一类是考据之学兴起之后，藏书家和校勘学家辑刻的丛书、逸书和旧版书。

书院刻书：学术出版

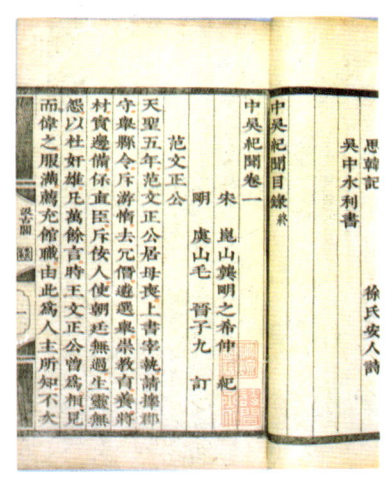

明末毛氏汲古阁刻本《中吴纪闻》

书院是中国唐宋（618—1279）以来特有的一种社会文化教育基地，其名起于唐代，兴起于北宋，鼎盛于南宋，绵延至清末。据统计，中国历代书院总数当在6600所以上。历代书院在设坛讲学、著书立说、学术研究的同时，编辑出版图书也是一项较经常的活动，因此而形成了书院刻书系统。

宋元时期（960—1368），书院刻书事业异常繁荣。因为有丰富的收入作为资本，而山长（书院院长）又大都是著名学者，所刻之

55

湖南长沙岳麓书院院门

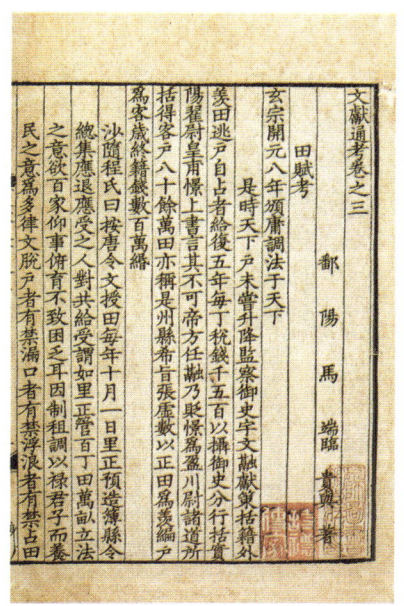

元泰定年间 (1324—1328) 杭州西湖书院刻本《文献通考》

书多佳作。杭州西湖书院泰定元年（1324年）所刻《文献通考》，刻印精良，为这一时期代表作。明清时期（1368—1911），书院的出版功能得到进一步强化，刊刻图书成为大规模的经常性活动。清代书院刻书数量在历代书院中为最多。

书院官私兼办的性质决定了书院刻本既有内容的广泛性，包括经、史、子、集丛书诸部，又有较强的目的性，重点为本书院师生自用，主要集中于学术性著作，尤重师承学派。书院刻本可分为三种类型：一是书院师生的读书札记和研究著述，以资学术研讨；二是教学所需的著作，作为教学参考；三是历代先儒大师的巨著和本院山长的名作，以广泛传播其学说思想。由于强调学术性，又不乏资金，所以书院刻本中多精善之本。

寺观刻书：宗教出版

寺观刻书，是指佛寺道观刊印本教典籍的出版活动，所刻典籍称为"佛藏"和"道藏"，类似于今日的

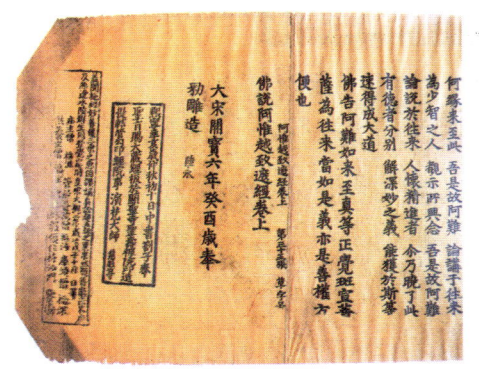

北宋初年由政府出资刊印的《开宝藏》残页

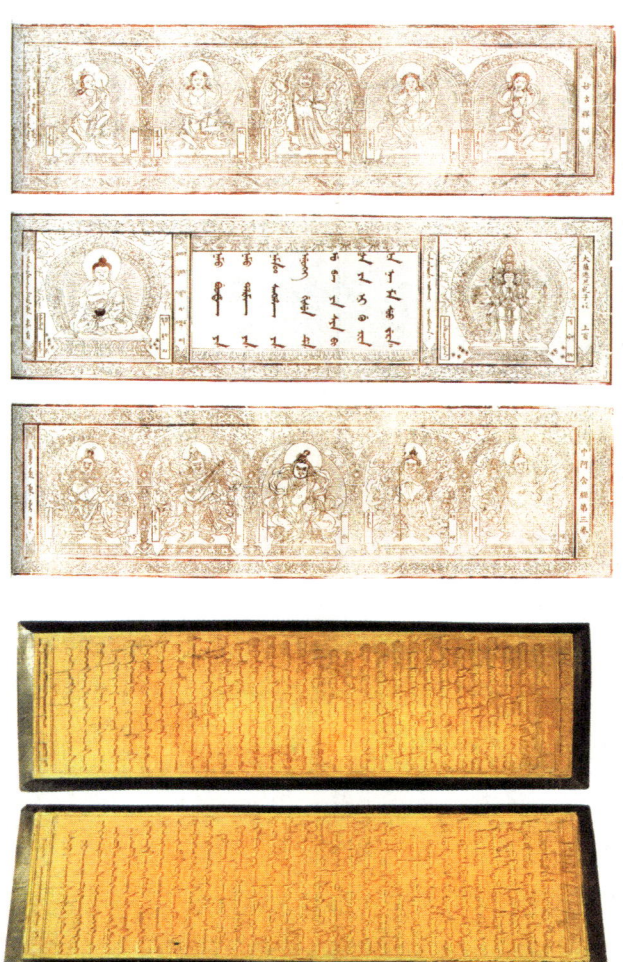

清代满文《大藏经》及经版，始刻于乾隆三十八年 (1773年)，历17年刻
成，朱色印刷。

【大藏经】

"藏"的意思是蕴藏、宝藏，特指道教与佛教文献的总汇，相当于现代大型丛书的概念。所谓大藏经，就是将一切佛教典籍有组织有系统地汇集成的一部大丛书。其中佛所说的教法称"经"，包含制定的戒条称"律"，发挥佛法的道理为"论"，故大藏经也称为"三藏经"、"一切经"。"藏"的梵语为Pitaka，原意是可以盛放东西的竹箧，有容纳、收藏之义。佛教大藏经收集广博，卷帙浩繁，通常都在5000卷以上，版片常多达10多万块，书写、校对、雕版、印刷、流传，要动员和集聚数以千计的人力，历时10余年以上至数十年上百年才能完成。

宗教出版。历代政府都基本对佛藏和道藏的刊刻持支持态度，民间刊刻佛家和道家经典的热情也非常高，因而形成一个独立的出版系统。

　　佛教寺庙刻书的主要成果，就是从宋至清800年间共雕印了17

明代正统四年（1445年）刻成的道藏节选

部汉文大藏经和多部少数民族文大藏经（包括西夏文、蒙古文、藏文、满文等）。其中，刊刻于宋代开宝年间（968—976）的《北宋官版大藏经》（又称"开宝藏"）是中国也是世界上第一部印本大藏经。

　　道教是中国土生土长的宗教。道藏是按照一定的编纂意图、收集范围和组织结构，将许多道教经籍编排起来的大型道教丛书。道藏的内容十分庞杂，除道教经典以外，还收入诸子百家著作和很多古代科学技术的著作，如关于医药、养生、炼丹、天文、历法等方面的著作。道藏编纂始于北周时期（557—581）。宋代政和年间（1111—1118），由皇帝主持刊刻中国历史上的第一部印本道藏《万寿道藏》，共计5481卷，并颁行天下宫观。中国现存古代印本《道藏》是明代正统十年（1445年）的"正统道藏"，全书共计5305卷。

59

从简册到线装——出版物的装帧与版式艺术

以造纸术和印刷术这两大发明为分界点，整个中国图书史可以划分为三个时期，且各有对应的书籍制度，即：造纸术发明前的竹帛并行时期，盛行简牍制度；纸写本时期，盛行卷轴制度；发明印刷术以后为印本书时期，盛行册页制度。各历史时期之间，均有交叉过渡。

简牍制度

造纸术发明之前，中国书籍大多写在一根根长条形竹片或木板上。一根竹片称"简"，将多根简编连在一起，形成完整的文献，称之为"策"，也就是"册"。合称"简策"。加工后没有写字的木片称为"版"，写了字的称为"牍"，细一些的称"木简"，木质的合称"版牍"。为了便于阅读和收藏，用丝绳、麻绳或皮绳将简编连起来。编简成册后，从尾简朝前卷起，成为一

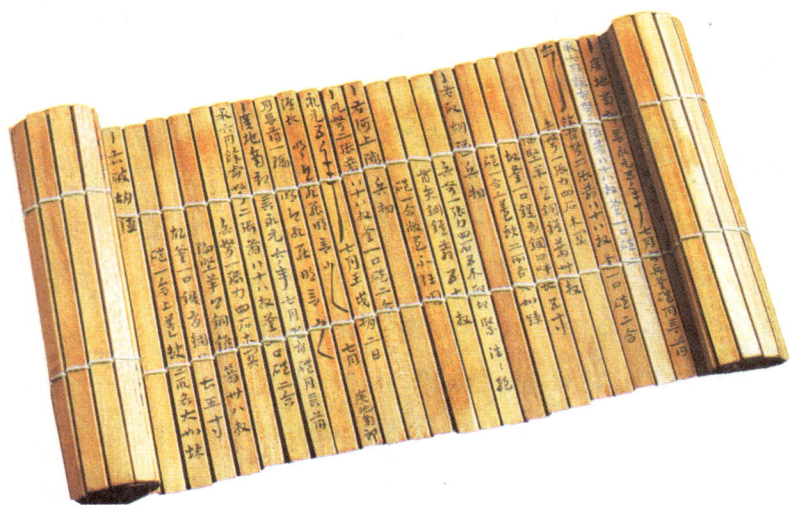

竹木简牍

卷，阅读时再从卷首展开。这就是简牍制度。简牍是中国出现的最早的书籍装订形式，通行时间长达数千年，影响极为深远。公元5世纪，随着纸张的广泛应用和纸本书的大量出现，简牍书籍才逐渐为纸本书所代替。

卷轴制度

卷轴制度从简册制度中脱胎而来，始成形于帛书，纸书盛行时应用于纸书，并形成完整的形制。现代中国的书画装裱仍常用卷轴制度。

其方法是在长卷文章的末端粘连一根轴（一般为木轴），将书卷卷在轴上。缣帛的书，文章是直接写在缣帛之上的；纸写本

卷轴装的《齐民要术》

书，则是将一张张写有文字的纸，依次粘连在长卷之上。卷轴装的卷首一般都粘接一张叫作"褾"的纸或丝织品。褾的质地坚韧，不写字，起保护作用。褾头再系以带子，用以捆扎卷子。为区别书的内容和取阅方便，常在轴头上挂一个小牌子，称为"签"。有的则在捆扎卷子的末端穿一签，捆缚后固定带子。阅读时，将长卷打开，随着阅读进度逐渐舒展。阅毕，将书卷随轴卷起，用带子捆缚，平放在书架上，把轴的一端向外，取阅时抽出，归还时插入，称为"插架"。

卷轴制向册页制的过渡

经折装

7—9世纪，从印度传来了不少"梵夹装"的贝叶经，启发了中国学者。一长卷纸不一定非用轴卷起，可以一正一反地折叠成长方形，成为折子，再在其前后加上硬纸加以保护，就成为"经折装"。经折装免去了装轴、接褾等操作之劳，在翻阅时不用拉

清乾隆刻本梵夹装满文《大藏经》

经折装图书

开和卷舒，可随时翻阅。

旋风装

旋风装由卷轴装演变而来。它形同卷轴，由一长纸做底，首页全幅裱贴在底上，从第二页右侧无字处用一纸条粘连在底上，其余书页逐页向左粘在上一页的底下。书页鳞次相积，阅读时从

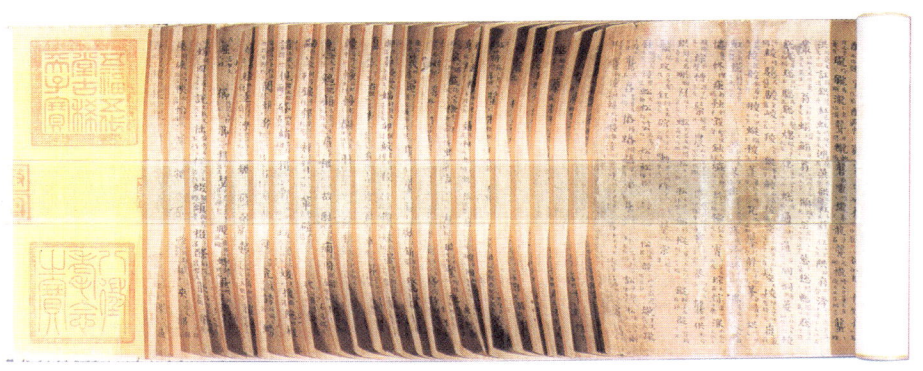

旋风装吴彩鸾所书的《刊谬补缺切韵》。这是中国现存唯一一件唐代旋风装实物。卷起后外观同卷轴装，打开后逐页阅读，如旋风状，因而得名。

右向左逐页翻阅，收藏时从卷首向卷尾卷起。书页宛如自然界的旋风，故名"旋风装"；展开时，书页又如鳞状有序排列，故又称"龙鳞装"。现存北京故宫博物院的一件唐写本《王仁昫刊谬补缺切韵》即为旋风装的代表书籍。

册页制度

从唐末至宋初，随着印本书籍逐步取代写本书，册页制也逐步代替了卷轴制。

所谓册页制，就是积累许多单页装订成为一册。册页形式最适合印刷术的要求。中国最早的册页制度是蝴蝶装。后来，又依次演变为包背装、线装。在机械化印刷术传到中国以后，书籍逐渐变为平装和精装。

蝴蝶装

蝴蝶装简称"蝶装"，因书页展开似蝴蝶而得名。蝴蝶装是宋代书籍装帧的主要形式。其具体装订方法，是先将每一印页由书口向内对折，即把有字的纸面相对折起来，与后来的线装对折方式恰相反，然后将每一书页背面的中缝粘连在一张裹背纸上，再装上硬纸（有时用布或绫锦裱背）作封面，便成一册书。这种装帧从外表看好像现在的平装或精装书，打开时书页向两边张开，翻阅起来犹如蝴蝶两翼翻飞飘

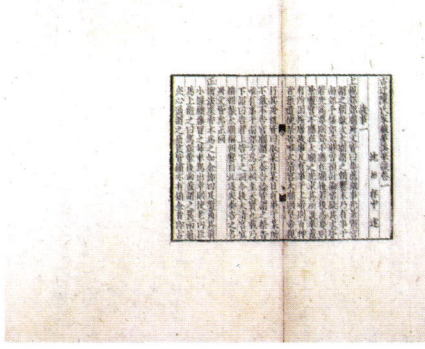

蝴蝶装元刻本《梦溪笔谈》

舞，故名"蝴蝶装"。

包背装

包背装就是把书页背对背地正折起来，使文字面向外，把版口作为书口，将书页的两边粘在脊上，再用纸捻穿订，外加书衣绕背包裹。这种装订方式，基本上和蝴蝶装相同，但经过书页正折，版心向外，使页页文字相连，便于阅读。这种装帧由于主要是包裹书背，所以称为包背装。包背装大约起于南宋后期，今见包背装的早期样品则为元代装帧本。这种装帧法一直沿用到16世纪以后。著名的《永乐大典》就是包背装。

包背装明刻本《大明集礼》

线装

线装书最早出现于16世纪，是从包背装演变而来的，仍是书页正折，文字向外，版心为书口，把包背装的整封面换为两张半

清代线装图书

页的软封面，分置书身前后，把它连同书身一起打孔穿线。

　　线装一般是在书上打四孔，称为"四针眼装"。较大的书，在上下两角各加打一眼，就成为"六针眼装"。讲究的线装，有时用线、绢之类包起上下两角，称包角装。这主要是为了美观，也有护书作用。另有一种线装书，称为毛装，即书页折齐，打眼下捻以后不下裁切。线装书既便于翻阅，又不易破散；既有美观的外形，又很坚固实用。直到今天，若是用毛边纸、宣纸影印古籍，其装帧还常常采用这种方式，看上去古朴典雅、庄重大方。

　　线装书的出现，是中国古代书籍装帧技术发展的最后阶段。18世纪以后，中国逐渐采用了机械化印刷术，随着印刷术的变化，产生了平装和精装图书。

印本书的版式

中国古代印刷的书都是单面印刷的，每一印页都有一定的格式，形成了独具特色的书籍版式。古籍单页版式包括版面、版框、界行、版心、鱼尾、象鼻、天头、地脚、书耳等名称。

版面：一块版所占的面积为"版面"。

版框：版面四周的黑线叫"版框"，也叫"栏线"或"边栏"。四周单线印的叫"四周单边"，或叫"单边栏"；四周双线印的叫"四周双边"，或叫"双边栏"。双线一般是一粗一细（外粗内细）。

界行：版面内分行的直线，或称"边准"。用墨、朱、蓝等不同颜色画的界行，分别称为"乌丝栏"、"朱丝栏"、"蓝丝栏"。界行极细如丝，故以"丝"形容之。

天头、地脚：在每张印纸上，版面以外的部分，在上的称

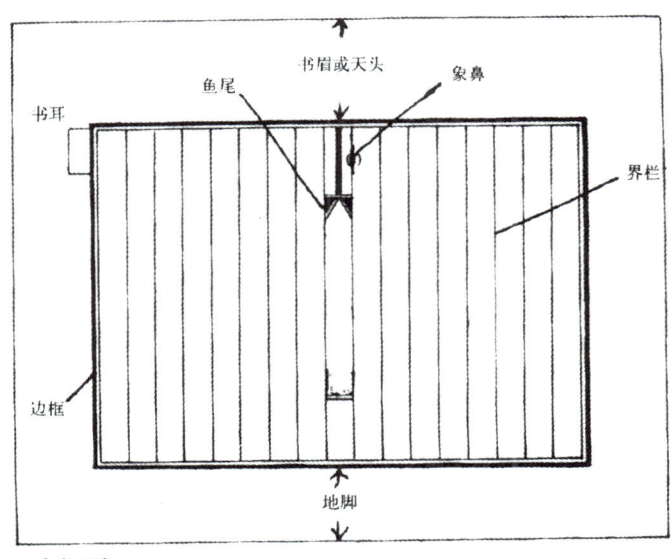

古书版式

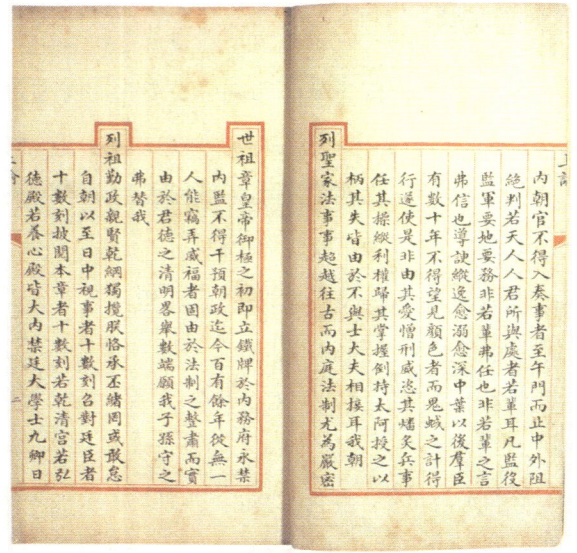

清乾隆朱丝栏写本《国朝宫史》

"天头"，在下的称为"地脚"；左、右部分都称为"边"。

版心：版面的中心有较窄的一行，叫"版心"，也称"版口"。

鱼尾：在版心中间距离上边约四分之一的地方刻有一个像鱼尾似的图形，叫"鱼尾"。有时版心下方与上方对称的地方也刻有鱼尾。鱼尾将版心分为三个部分：中间部分一般用来题写书名、卷次、页数；上部原是刊刻页数的，后来把中间的书名移此，也有在此刊刻出版者名称的；下部原是刻印刻工姓名的，后多记出版者名称或丛书总名。

象鼻：版心中鱼尾上下到版框之间的部分叫"象鼻"。象鼻中印有墨线的称为"黑口"，黑线较细的称为"细黑口"（或"小黑口"），黑线较粗的或全黑的称为"粗黑口"（或"大黑口"）。象鼻中没有黑线和文字的，则称为"白口"。

书耳：在版框两边边栏外之上角，有时有一小方格，称为"书耳"或"耳子"。书耳上多记书的篇名。

印本书的结构

古书的外形结构包括书衣、书签、护页、封面页、书脊、书口、书脑、书首、书根、包角等。

书衣：即书的前面封皮，所以又叫"书皮"或"护封"，现在叫"封面"。书衣通常用较硬的有色纸，用以保护书，类似人们穿衣护体，故名。

书签：是书衣上所粘贴的用以题写书名的纸签。书签常常请名人或师长题写。

护页：又称"副页"、"扉页"。是书页内所加的一张空白

清乾隆写本《石渠宝笈》线装书籍包角

衬纸，是为了保护书页而加的。

封面页：古书的"封面"，是指护页之后的第一页，即今之书名页，也叫"内封面"。其上题有书名，常为名家手笔。

书脊：指书的背脊，即一本书装订的一端。也称"书背"。

书口：与书脊相对的一端。

书脑：线装书打眼穿线的地方。今精装书穿线订口处也称"书脑"。

书首：也称"书头"，指书籍上端的切口。

书根：也称"书足"，指书籍下端的切口。

包角：用细绢所包装订线一侧上下之角，既美观又有保护作用。

传承之道

中国典籍的收藏、保护和传播

在中国古代书业数千年的发展史上，随着社会的进步和文化的发展，书籍的品种与数量也在不断增长，日益增多。但与此同时，由于人为破坏（禁书、战争、偷盗等）和自然灾害（水、火、虫等）等因素的影响，中国图书的散失、消亡现象也十分严重，在历史上多次出现令人扼腕痛惜的"书厄"，给中国古代的文化事业造成了不可估量的损失。针对这一问题，中国古人早有藏书之举，而且百折不挠，延续不断，形成了一部源远流长、多姿多彩的中国藏书史。珍重典籍，广建藏书楼，采取多种方式收藏保护书籍，是中国古代的一个优良传统。中国古代藏书的历史，如果从夏商周三朝设有专人管理收藏甲骨文献的"藏室"算起，至20世纪初近代图书馆的产生，前后经历了3000多年，在世界藏书史上占有独特的地位。

1924年落成的浙江湖州嘉业堂藏书楼，仍保留着传统藏书楼的浓厚特色。

整体上看，中国古代藏书楼重典藏而不重流通，与现代意义上的图书馆还有一定的区别。中国古代图书的流通主要通过书肆售卖、传抄借阅等途径进行。在国内形成了以民间书肆为主的图书贸易和流通体系，在中外书业交流中，则形成了著名的"书籍之路"，对促进中外文化交流产生了十分积极的作用。

藏书家与藏书楼

中国古代的藏书系统可分为四类，即：官府藏书、私家藏书、寺观藏书、书院藏书。历史上所称的藏书家，多指私人藏书者而言。而人们常说的"藏书楼"，系指用以藏书的建筑，包括历代官方机构、民间团体及私人收集典籍图书文献之处所。也就是说，只要是藏书之所，不论其是否以"某某楼"命名，均可称为"藏书楼"。在中国古代，承担图书收藏，乃至于图书管理、研究、校勘、刊行事业主体的是历代官私藏书楼。中国古代的藏书楼和与藏书楼共生存的历代藏书家们，既保存和传播了丰富的图书典籍，也保存和传播了博大精深的中国历史文化。

中国古代的藏书事业滥觞于夏商时期。从河南安阳多处甲骨文出土的情况来看，殷商时期的史官、巫师就有最初的对文献材料保管整理的意识。所以可以把甲骨文收藏看作是古代藏书的萌芽。

中国正式的藏书事业始于周代。这一时期的藏书机构先后有天府、盟府、策府、周府、公府、府库、藏室、密室等名称。掌管藏书的史官也细分为大史、小史、内史、外史、左史、右史等不同职务，反映了周代官府藏书管理机构的规模和分工的细化。

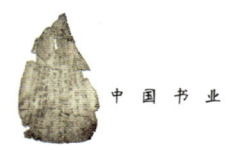
据传说，著名的思想家老子就曾担任过负责周朝藏室的史官，相当于现在的国家图书馆馆长。当时也涌现出一些早期的私人藏书家。著名学者惠施（约前370—前310），个人拥有五车图书，这在当时是一个很大的文献量。

老子画像。这位著名的思想家曾担任过周代国家藏书机构的官员，被称为中国古代最早的"国家图书馆长"。

秦始皇统一中国后，虽有焚书之举，但官府藏书的传统仍未中断。秦始皇曾在咸阳阿房宫设立"明堂"、"石室"等藏书机构，并设御史负责管理。当秦焚书之时，民间很多人抵制焚书令，想尽办法把书籍隐藏起来。在这种历史背景下，就产生了"书藏二酉"的故事：秦代末年，有位读书人，为避战乱，将其书迁移至湖南沅陵境内的大酉、小酉山中。两山各有石洞，分别称为大酉洞和小酉洞，读书人将其书分藏于两洞之中。历经数代，人们发现了两洞中的藏书，便称这批藏书为"二酉石室藏书"。后来，明代学者胡应麟（1551—1602，号少室山人）有感于古人的嗜书好学的精神，为自己的藏书楼取名为"二酉山房"。

西汉初年，相国萧何（？—前193）主持修建了三座皇家藏书楼，名为石渠阁、天禄阁、麒麟阁，专门收藏图书和档案。后来"石渠"与"天禄"就成了历代皇家藏书的别称。为了防潮防火，汉代藏书室是用石头砌成的，称"石室"，书柜用铜皮包

清代内府写本《石渠宝笈》，著录内府所藏书画，从书名仍能看出汉代藏书楼的影响。

成，称"金匮"。以后"石室金匮"就专门用来指皇家藏书的建筑。汉代还出现了一批著名的私人藏书家。

东汉建立后，又开始聚集图书，收藏在东观、兰台等处。图书最多时，能装满6000余辆车。东汉先后设置有7处藏书所，其中最为著名的是兰台和东观，除了典藏图书功能外，还有编校、著述之功能。桓帝延熹二年（159年），东汉政府创置了中国封建中央政府中第一个主持图书典藏和校著活动的专门机构——秘书监。此后，秘书监（省）专掌国家藏书与编校工作成为历代定制，历时长达1500余年。

三国两晋南北朝是中国的动乱时期。图书旋聚旋失，但当时的统治者对藏书的意义和价值都有一定认识，战乱一过，便开始聚书。当时的藏书机构仍主要为秘书监。隋朝两位皇帝都曾广征图书，并将每种图书都抄写50本副本，藏在东都洛阳的观文殿。隋代官府藏书主要集中于长安与洛阳。长安嘉则殿藏书37万卷，数量可观。

唐朝管理图书的机构和官职已相当完善，藏书机构同时也兼编校图书的职能。当时图书主要收藏在秘书省，由秘书监负

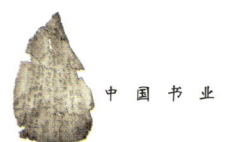

中国现存最早的私家藏书楼——天一阁大门外景

责管理。此外还有弘文馆、史馆、集贤馆（这三者被称为"三馆"）、崇文院、司经局、翰林院等，这些官府藏书机构既相对独立，又紧密联系。收藏和校对图书是弘文馆的主要职责。史馆是贞观年间设立的修书和藏书的机构。集贤院是唐中期最大的国家藏书机构，也是唐代组织最完备的图书事业机构。崇文院是贞观年间为皇太子设置的学馆，也有藏书、校书和抄书的职能。司经局是东宫专掌经籍图书之事的机构，服务对象是皇太子。翰林院是专为皇帝起草诏书和备顾问的机构，藏书也是其工作的需要。唐代的这种藏书体系对后世国家藏书影响非常深远。唐代私人藏书家和藏书量均有增加，有的私藏可与官府藏书相媲美。唐代私家藏书的数量超过以前各代的总和。

雕版印刷术的推广，促进了宋元两代官私藏书事业的发展。

宋代国家藏书机构有三馆：史馆、昭文馆、集贤院，后来又用三馆的藏书建立了崇文馆。此外，还有秘阁、太清楼及六阁等藏书机构。其中，秘阁收藏的图书是从三馆藏书中挑选出来的精品图书，共万余卷，代表了宋代国家图书馆藏书的精华。宋代书院及私人藏书事业也很发达，如著名藏书家叶梦得（1077—1148）、晁公武（1105—1180）、郑樵（1104—1162）、陈振孙（约1183—1262）等人的收藏都超过万卷。宋代私家藏书目录的编制也取得了一系列突破性的进展，增加了私家藏书的学术含量。元代设秘书监掌管图书，并在秘书监下设置专门机构负责雕印书籍。元代国家藏书继承南宋特色，手抄本与印刷本并重。

明代学术文化繁荣，印刷业更发达，宫廷和私家藏书远胜前代。明代的国家藏书机构是文渊阁。专门掌握国家图书的独立机构开始是秘书监，以后又罢秘书监，所藏古今图籍改归翰林院掌管。此外，明朝于1534年建成了一座专藏皇家档案和重要典籍的档案库——皇史宬，这是现今保存最完整的一座典型的"金匮石室"式建筑。明代私家藏书极为兴盛，藏书楼规模普遍扩大，藏

皇史宬及皇史宬内储藏档案的金匮

江苏常熟瞿氏铁琴铜剑楼外景

书大家群雄并起，且多分布于经济和文化繁盛的东南一带。其中最负盛名的有宁波范氏天一阁、常熟毛氏汲古阁、山阴祁氏澹生堂等。天一阁建于明嘉靖四十年（1561年），藏书7万卷，历时400余年，至今犹存，是中国现存最早的私人藏书楼。

清朝国家书籍主要藏于内府：皇史宬、昭仁殿、武英殿、摛藻堂、养心殿、南薰殿、紫光阁、南书房等处均有藏书，且各有特色。乾隆时纂修的7部《四库全书》，分别收藏在全国七处。南方三个藏书楼还对读书人开放，已经具备了公共图书馆的职能。清代的私人藏书空前兴盛，学者叶昌炽（1849—1931）《藏书纪事诗》共收录中国历代藏书家1175人，清代就占了497人。清代中叶以后，出现了著名的四大藏书楼：即聊城杨以增的海源阁，常熟瞿绍基的铁琴铜剑楼，归安陆心源的皕宋楼，杭州丁申、丁丙的八千卷楼。四家都收藏了许多宋、元版珍贵书籍，而且藏书的总量也很大。如海源阁，在遭兵燹后，还有219000多卷藏书。

中国近代史上的第一座公共图书馆——浙江绍兴的古越藏书楼外景

20世纪初期，随着西方现代图书馆的传入，中国传统的藏书楼事业逐渐衰微。部分藏书楼则开始由封闭走向开放，完成了传统藏书楼向现代图书馆的转变，为中国古代的藏书事业划上了一个完满的句号。

护书有道

中国历代皇家藏书机构和私人藏书家，特别注重对所藏图书典籍的保护，并在长期的实践中积累了丰富的经验，形成了一整套技术与方法，至今仍有很强的参考、实用价值。一般情况下，针对盗卖、偷窃、污损等一些人为的破坏典籍的情况，藏书者会采取两种方法：

一是对图书进行分类排放和管理。有的是按照图书内容进行

今天的故宫寿安宫善本书库一角,保存方法仍借鉴了古代藏书楼的很多做法。

区分,如隋代藏书机构观文殿就分为东、西两厢,东厢藏经、史图书,西厢存子、集图书。又如唐代私人藏书家李泌用不同颜色的牙签对3万卷家藏实行分类管理,经部用红色牙签,史部用绿色,子部用青色,集部用白色。上述管理方法,犹如现代图书馆的按类分库管理,很有实用价值。有的是按照图书的质量加以区别。如隋代藏书机构就将图书分为三品,上品用红琉璃轴,中品用黑红琉璃轴,下品为黑漆轴。这种区别就如今天图书馆将图书分为善本书及普通本书。还有的则按藏书的不同用途对图书实行分等管理。如唐代人柳公绰(763—830)家藏图书万卷,每一本书都有三种不同的版本,质量最佳者藏于库中,质量中等者自己用来经常阅读,质量较差者则提供给初学者,分类方法可谓独到。

二是对读者有严格的限制。由于对典籍过于珍视,中国古代的官私藏书楼都具有很强的封闭性,一般都不对外开放。外

天一阁内景之"宝书楼

人很难进入其中阅读书籍，其中所藏图书也很少外借。如明代范钦（1506—1585）亲自为天一阁定下了"书不借人，书不出阁"的家法，规定：天一阁书库门上的钥匙，每房子孙各掌一把，要开库门，必须是各房子孙全到方可；阁中之书不借外人；子孙有读书之志者，须亲自到阁中阅读；读者不许夜登，不许吸烟。有的藏书家虽然允许图书外借或外人进入藏书楼，但也有极为严格的限制。近代藏书家叶德辉（1864—1927）和人约定，如果有人想进藏书楼，必须有主人相随，而来人带的仆从不许进入。同时进藏书楼的人不许穿冬天的棉衣，不许穿宽松的衣服。如果要长时间谈话，就到藏书楼外谈。藏书者的这种行为虽然具有很大的局限性，但在客观上的确能对图书起到一定的保护作用，从而避免了图书的散失之患。

图书的自然侵害主要有火、水、虫等。在这方面，古代的保护技术也比较发达，它表现在以下四个方面：

建筑保护

古人在藏书建筑方面是非常讲究的，很多藏书楼就集艺术性与实用性为一体，充分体现了古人高超的智慧和深厚的文化修养。如汉代的"石室"、"金匮"就是为了防止火患而专门设计

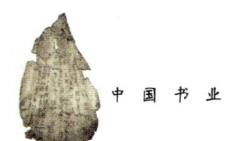

的。天一阁从建筑保护技术来看则相当科学。天一阁分上下两层，上层喻天，天一生水，不分间，通为一厅；下层喻地，地六成水，所以下层分为六间。为了防潮，图书全部置于上层。楼上前后都有窗户，书柜相隔适中，书橱前后有门，两面贮书，便于通风。书橱中还放有防虫的芸草。为了防止书楼遭火，楼前挖有一池塘，用以贮水，并定名"天一池"。这样，就把防水、防火、防虫都考虑到了，从而避免了很多的自然灾害。

染纸避蠹

早在竹木简牍时代，中国古人为了延长竹简的寿命，就已经掌握了"杀青"的技术。造纸术发明以后，为了能使纸张防虫避蠹，人们就发明了染潢的技术。早在汉魏时期，人们就知道了用黄檗染纸的方法。黄檗又称黄柏，其汁色黄，有防虫蛀的特效。用黄檗汁染纸叫"入黄"或"潢染"。以此汁染过的纸略呈黄色。敦煌石室保存的唐代经卷，多数是经过潢染后而呈黄色的。经卷保存1000多年后，尽管有破损，但纸张完好，并无虫蛀现象。到宋代时，又出现了一种"以椒染纸"的染纸防蠹法，即将纸张浸渍在花椒溶液中，晒干后使用。由于花椒中所含的化学成分以及椒中散发出来的强烈辛辣气味都对蠹虫有驱避作用，这使得椒纸具有较好的防蛀避蠹效果。明清两代，为解决南方潮湿、蠹鱼泛滥的问题，人们又创制了一种万年红纸，即用红丹为涂料将纸刷红，便有杀虫功效。古人常用此纸作书籍的前后内封页，或书页衬纸，既鲜艳美观又防虫避蠹。

药物防虫

在书库中放置防虫药剂或杀虫药剂，以防止虫蠹图书，古人

清代精写本《万寿无疆赋》如意云锦书套

也久有良方。《齐民要术》中就讲到，书橱中若能安放麝香、木瓜两种药物，就会不生蠹虫。以后人们又在书库中放置芸草以防虫。由于其效果甚好，所以直到今天，有些藏书机构还在用芸草避蠹。古人还在书橱下放置雄黄、石灰以避虫蚁，书橱内放置烟叶、肉桂等，防止虫蠹。

装帧保护

如古书除用线装外，还用纸捻把图书聚牢，即使线断了，书也不散。用檀木、楠木做成函套或木匣盛书，用考究的绢布将书包起来，既可防虫，又保护图书不致破损。

此外，古人还有曝书的方法。在初春及中秋天气晴朗干燥的日子里，将书放到房外用太阳晒，可防潮防虫，待晚上等晒热的图书冷透后，再放回书柜。对于曝书的时间、方法都是非常讲究的。

图书的流通

中国古代很早就有图书流通的记载，民间书肆的产生则是中国古代图书贸易正式开展的标志。印刷术普及后，书籍的流通速度加快，范围进一步拓展，形成了庞大的图书流通网络体系和众多的图书贸易中心。

清代四体文对照泥金写本《文殊师利菩萨赞佛法身礼》鎏金卡丝镶嵌书盒,十分豪奢。

书肆与槐市

最晚在公元前1世纪后期，在当时的国都长安以及部分经济文化比较发达的城市，就已经出现了中国历史上最早的民间书店：书肆。

书肆由民间商人经营，以谋取利润为目的，销售的书籍品种丰富，经营方法灵活，敞开售书，允许自由阅览，既可招揽读者，又利于贫困知识分子求知自学的需要，客观上起着当时还不存在的公共图书馆的作用，因而受到广大读者的欢迎。历史文献就记载着不少名人学士到书肆上去看书和买书的故事。如著名学者王充（27—约97），因为家庭贫困，无力购买书籍，就经常在洛阳书肆中游逛，阅读书籍。

书肆的大量出现，促进了图书的流通和利用，也成为政府和个人补充藏书的重要途径。在不断的发展中，书肆的业务不断拓展，

浙江嘉兴清代藏书家朱彝尊曝书亭

出现了流动售书、送书上门等经营方式，体现出浓厚的商业性。当时的书贩受到商业利润的刺激，还经常携带图书，"远出荒郊"，前往儒生聚集的地方销售，以致成为书市。

在西汉末年（公元1—8年）和王莽的新朝时期（9—23），在长安太学附近出现了中国古代最早的书籍集市：槐市。西汉末年，王莽执政，下令扩大中央太学的规模，增加太学生的名额，并征集大量士人到国都任职。众多士人和太学生的聚集，扩大了对书籍的需求。于是，在太学近旁形成了包括买卖书籍在内的综合性贸易集市，这一集市所处的位置，因有槐树数百行，故称"槐市"。

与民间贩卖者经营的书肆不同，槐市有鲜明的特点：一是定期举行，集市每半月一次；二是参与主体身份比较集中，主要是长安太学生；三是买卖物品并不局限于图书，而是包括了"笙磬乐器"以及各地特产等物品；四是有交往论学的功能，太学生在

买卖书籍的同时，还经常研讨学术或纵论天下大事；五是受到政府的直接影响和监督，政府设有专门的机构管理槐市。槐市作为一种商业交易市场，有着十分浓郁的文化气息。公元23年，王莽政权崩溃，太学在战乱中解散，槐市也随之消失。虽然它仅仅存在了20多年，但在历史上的影响却十分深远。后代文人学士吟诗作赋，经常提到槐市，将其作为一种文化的象征加以吟颂。

图书传抄复制者："佣书"

在雕版印刷术发明以前，所有的书籍全靠人工抄写，抄写复制过程既是书籍生产过程的继续，也是书籍流通的表现方式。汉代就出现了以抄录复制图书为职业的人，史称"佣书"。当时的政府也开始设置专门的抄书岗位，招聘大量的"书佣"来从事图书的复制工作。

当时从事"佣书"的人，收入比较丰厚，至少能够养家糊口。佣书人在抄写过程中，也饱览各种书籍，积累知识，成为出名入仕的资本。翻检史籍，可以找到一大批以佣写书籍为生的人，其中因抄写图书而成名者大有人在。东汉时期的名将班超（32—102）在年轻时，因为家贫，常到政府机构中抄写图书，用所得的薪酬供养母亲。有一次，他在抄书时突然扔掉手中的笔，感叹道：大丈夫应该效命疆场，建立功业，取得高官厚爵，怎能长期从事这种抄写工作呢？经过自己的努力，班超果然成为一代名将。这就是中国历史上"投笔从戎"的著名典故。

为数众多的抄书人的"佣书"活动，提高了当时图书的再生产能力，在文化知识的传播方面作出了重要的贡献。佣书活动是手写复制书籍的出版现象，其写书不是为了自己研习，而是为了

北齐（550—577）时期画家所绘《校书图卷》（此为宋代的描摹本），反映了当时抄写校对图书的情形

鬻而获利，以求生计，这与后来的出版者已无本质区别。

印刷时代的坊肆售书业

进入印刷时代以后，中国的图书发行与流通事业有了极大的发展。由于印刷术的普及，印本书以丰富的品种、多样的规格、巨大的数量、上佳的质量涌入社会，成为书籍市场的主流。图书生产和销售的可观利润促使民间和官方更多的人或机构投身书籍市场，进一步推动了书籍贸易的繁荣。

印刷时代，民间书商从事的坊肆售书业是图书贸易活动的主体。他们以盈利为主要目的，刻印各种书籍作为商品，在市场上进行销售。书坊一身兼具编辑部、印刷所和书店三项任务，其业务包括了雕版、印刷和出售几个环节。而其主要任务和目的，就是快速并大量地出售书籍。由于从事书籍刻印和售卖的坊肆甚多，因而彼

北京琉璃厂今貌，这里曾是清代和民国时期全国著名的图书贸易集市。

此之间便有竞争。因此书籍坊肆已颇注意营业推销，对于销路较广之书，竞相刊印，往往在同一地出现同一书的数种版本。为了在竞争中获胜，书籍的广告也大为增加。不仅如此，有些书商的足迹遍及天下，甚至将图书贩卖至少数民族地区或国外，这在一定程度上了促进了中国图书和文化的广泛传播。

当时，不仅民间专业书商从事书籍交易活动，甚至许多文人、官员、普通老百姓也纷纷投身其中。宋代理学家朱熹（1130—1200）就曾刻印儒家经典及自著书籍销售，他所刻印的书籍品种较多，质量上乘，常有人登门购书。

图书贸易的繁荣也促使全国性的大型书籍市场的形成。如北宋开封相国寺、明代南京的三山街、清代北京的琉璃厂，均有规模很大的书籍集市，书铺林立，生意兴隆，成为全国著名的图书贸易中心。

文明结晶

富有中国特色的出版物

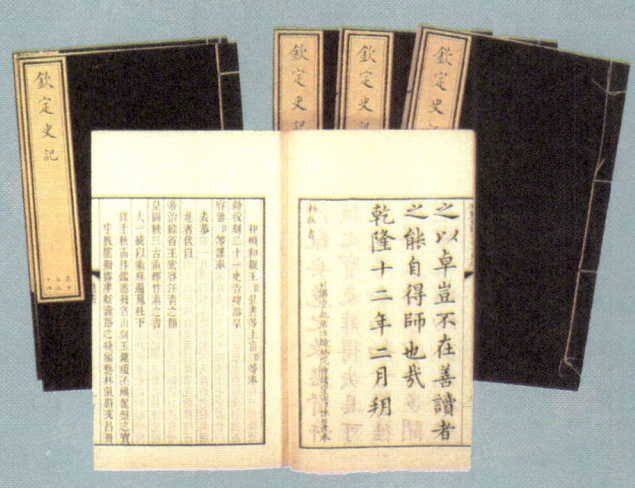

中国古代出版业最重要最直接的产品就是浩如烟海的中国古书。中国古书或称中国古籍，一般是指1911年以前手抄或印刷的各种图书。中国古书源远流长，数量众多，据保守估计，中国现存古书总数不少于10万种。古书是中国出版业繁荣兴盛的标志，更是中国古人智慧的凝聚和传统文化的结晶，集中反映了中国历史文化的灿烂辉煌。

从7世纪开始，人们开始把中国图书分为四类：经、史、子、集。其中，经部的"十三经"、史部的"二十五史"、子部的诸子百家、集部中的诗文集更是最能集中反映中国文化特色的图书。此外，编纂卷帙浩繁的巨型类书、丛书，是古代中国博大文化事业的又一特点。类书中的《永乐大典》、《古今图书集成》，丛书中的《四库全书》就是中国古代书业辉煌成就的典型代表。

当代中国出版业继承了古代书业的优良传统，每年新出和重版的图书都在10万种以上，其中不乏能代表中国当代出版水平和文化成就的优秀出版物，如《续修四库全书》、《中华大藏经》、《中国大百科全书》，等等。

十三经

在中国2000多年的封建社会中，儒家文化长期居于主导地位，儒家著作因此一直占有至尊至高的地位。研究解释儒经的著作连篇累牍，汗牛充栋，形成了独特的"经学"。所谓经，是指中国封建专制政府法定的以孔子为代表的儒家所编书籍的通称；所谓经学，就是历代封建知识分子和官僚对儒家经书的阐发和议

孔子行教图拓片。孔子是儒家的创始人，与儒经的关系甚为密切。

论而形成的学术体系。经学为尊，众学为从，经学为纲，众学为目，是中国文化史和中国图书史的特有现象。

在中国古代，被奉为儒家经书的著作共有13部，统称"十三经"：《周易》《尚书》《诗经》《周礼》《仪礼》《礼记》《春秋左氏传》《春秋公羊传》《春秋谷梁传》《论语》《孝经》《尔雅》《孟子》。"十三经"作为儒家经典，其地位之尊崇，影响之深广，是其他任何典籍所无法比拟的。围绕着"十三经"，还衍生出一大批经学著作。十三经总字数不过65万，而中国历代解经典籍的数量则要超出数百倍。仅经著录可考的就近4000余部，近50000余卷，成为中国古代典籍中最重要且最富特色的一类图书。

"十三经"作为儒家文化的基本著作，内容极为广博，是中国传统学术的重要典籍。《周易》在十三经中的地位最高，被誉为"众经之首"。原为占卜之书，其基础为阴阳八卦，外层神秘，而内蕴的哲理至深至弘。《尚书》是上古历史文件汇编，主要内容为上古君王的文告和君臣谈话记录。其中的"五行"（即金、木、水、火、土）观念对中国人的思维模式影响甚大。《诗经》是西周初至春秋中期的诗歌集，是中国最早的诗歌总集，历来被

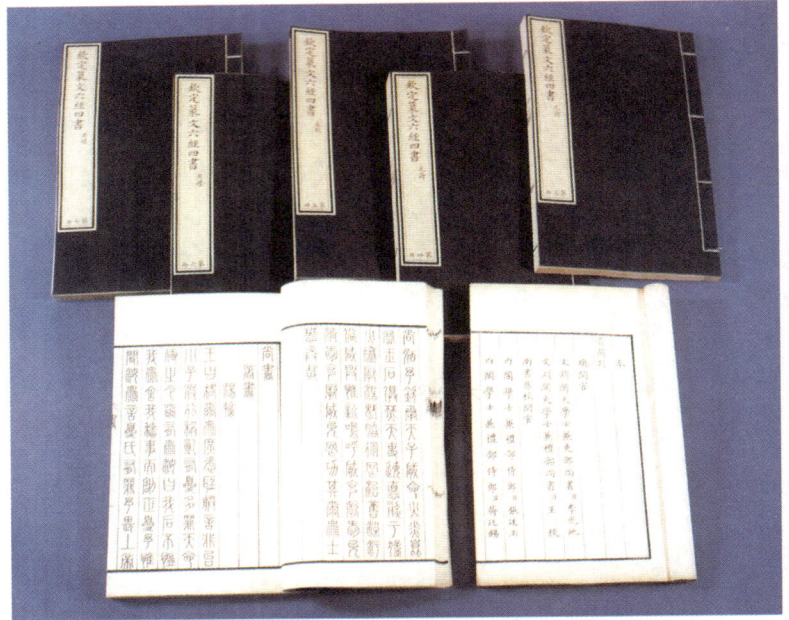

清代康熙年间刻本《篆文六经四书》。《四书》是指《大学》《中庸》《论语》《孟子》。

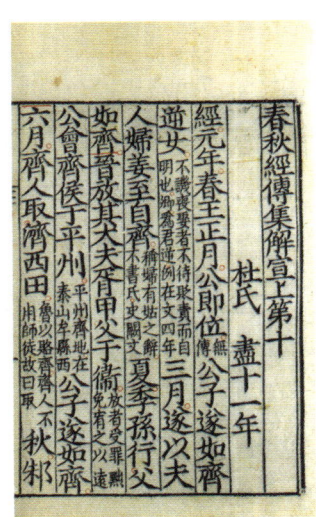

宋代蜀地（今四川）所刻大字本《春秋经传集解》

视为中国传统诗歌的源头和典范，内分"风"、"雅"、"颂"三部分，"风"为周王朝属下各诸侯国的歌谣，"雅"为周王朝直辖区的正声雅乐以及部分礼乐，"颂"为上层社会宗庙祭祀的舞曲歌辞。《周礼》《仪礼》《礼记》合称"三礼"。《周礼》主要汇集周王室官制和战国时期各国制度。《仪礼》主要记载春秋战国时代的礼制。《礼记》是秦汉以前有关各种礼仪的论著汇编。三部礼书

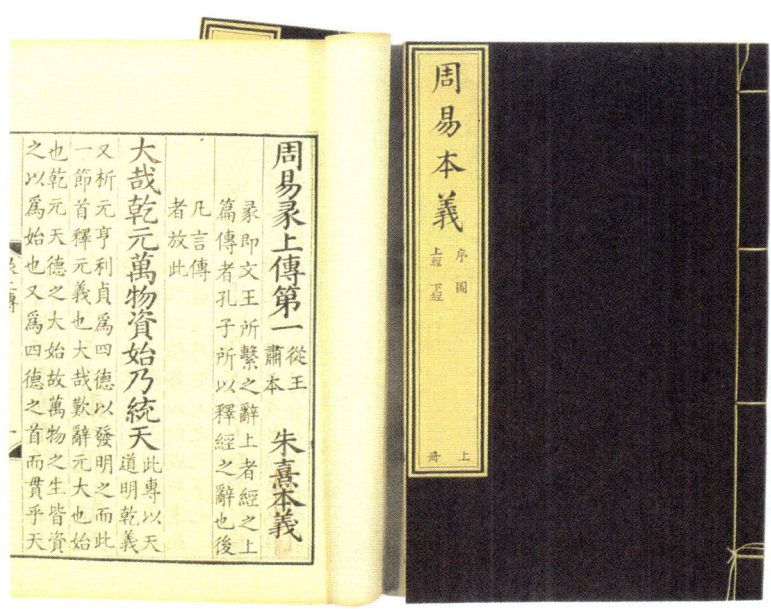

清康熙内府大字刻本《周易本义》。《周易》历来被视为
"众经之首"，今天研究《周易》的著作仍然很多。

奠定了中国传统社会的道德原则。《春秋左氏传》《春秋公羊传》
《春秋谷梁传》合称"《春秋》三传"，是围绕《春秋》而形成的
著作。《春秋》为孔子借用鲁国史书而编成的编年体史书。《春秋
左氏传》重在对《春秋》史事的陈述，《公羊传》、《谷梁传》重
在阐发《春秋》一书所蕴含的义理。《论语》是孔子及其门徒的言
行录，是孔子思想言行最权威的记录，在中国古代，是读者最多的
儒家经典。《孝经》论述封建孝道，中心思想为"以孝治天下"，
唐玄宗曾为此书作注，是《十三经注疏》中唯一由皇帝注释的儒家
经典。《尔雅》是一部训解词义、诠释名物的训诂书，经学家多据
以解经，是古代唯一被尊为"经"的字书。《孟子》专载孟子的言
论、思想和行迹，中心思想为宣传仁政。

二十五史

崇古重史是中国文化的又一显著特征。中国历代统治者都非常重视历史的连续性和继承性，形成了为前一个朝代修撰历史的传统。历代相沿的修史制度，保证了中国史书上下衔接，绵延不断。民间私人撰写史学著作的风气也久盛不衰。在古代典籍中，史部书排在经书之后，但在数量上远远超过经书。各类史籍数量巨大，品种繁多，体例多变。

中国古代史书的主要体裁有三类：以人物为中心的纪传体、以时间为顺序编排的编年史、以事件为中心的纪事本末

宋代绍兴年间公使库刻本《资治通鉴》。《资治通鉴》是中国编年史的杰作

体。其中，以《史记》为首的纪传体史书被奉为正统史书，称为"正史"。乾隆四年（1739年）《明史》修成，乾隆皇帝将从《史记》直到《明史》的24部正史钦定为"二十四史"，确立了其正史地位。1927年《清史稿》修成后，又有"二十五史"之说。"二十五史"篇帙长达3795卷，其记载起于中国上古传说中的黄帝时期，止于1911年，上下五千年，从无间断，是举世无双的一部通史百科全书。大致情况可参见下表：

中国"二十五史"一览表

书名	卷数	编著者	记事年代	成书年代
《史记》	130卷	西汉·司马迁	起于黄帝，止于汉武帝中期，约3000年。	汉武帝太初四年（前101年）
《汉书》	120卷	东汉·班固	前206—公元24	汉章帝建初八年（83年）
《后汉书》	130卷	南朝·范晔	25—220	宋文帝元嘉二十二年（445年）
《三国志》	65卷	西晋·陈寿	220—280	晋武帝太康十年（289年）
《晋书》	130卷	唐·房玄龄等	265—419	唐太宗贞观二十年（646年）
《宋书》	100卷	梁·沈约	420—479	齐武帝永明六年（488年）
《南齐书》	59卷	梁·萧子显	479—502	梁武帝天监十三年（514年）
《梁书》	56卷	唐·姚思廉	502—557	唐太宗贞观九年（635年）
《陈书》	36卷	唐·姚思廉	557—586	唐太宗贞观十年（636年）
《南史》	80卷	唐·李延寿	420—589	唐高宗显庆四年（659年）
《北史》	100卷	唐·李延寿	386—618	唐高宗显庆四年（659年）
《魏书》	130卷	北齐·魏收	386—550	北齐文宣帝天保五年（554年）
《北齐书》	50卷	唐·李百药	550—577	唐太宗贞观十年（636年）
《周书》	50卷	唐·令狐德棻	577—581	唐太宗贞观十年（636年）
《隋书》	85卷	唐·魏征等	581—618	唐太宗贞观十年（636年）
《旧唐书》	200卷	后晋·刘昫等	618—907	后晋出帝开运二年（945年）
《新唐书》	225卷	宋·欧阳修等	618—907	宋仁宗嘉祐六年（1061年）
《旧五代史》	150卷	宋·薛居正等	907—960	宋太祖开宝七年（974年）
《新五代史》	74卷	宋·欧阳修	907—960	宋神宗熙宁五年（1072年）
《宋史》	496卷	元·脱脱等	960—1279	元顺帝至正五年（1345年）
《辽史》	116卷	元·脱脱等	916—1125	元顺帝至正四年（1344年）
《金史》	135卷	元·脱脱等	1115—1234	元顺帝至正四年（1344年）
《元史》	210卷	明·宋濂等	1206—1370	明太祖洪武三年（1370年）
《明史》	332卷	清·张廷玉等	1368—1644	清高宗乾隆四年（1739年）
《清史稿》	536卷	民国·赵尔巽等	1583—1911	中华民国十六年（1927年）

"二十五史"均为纪传体史书，是以人物为纲、时间为纬、反映历史事件的一种史书编纂体例。从体裁形式来看，纪传体主要由本纪、世家、列传、书志、史表组成。本纪以时间为序，记述帝王事迹，有如编年体。世家

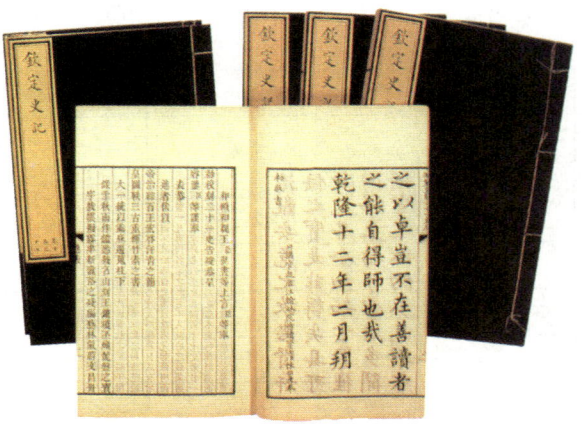

清代乾隆年间所刻"二十四史"中的《史记》

主要记载诸侯和贵族的历史。列传是各方面代表人物的传记。书志是关于典章制度和有关自然、社会各方面的历史。表是用来表示错综复杂的社会情况和无法一一写入列传的众多人物。这几部分内容密切配合，在一部史书里形成一个相辅相成的整体。

《永乐大典》

类书是中国古代特有的一种图书类型，是一种详细辑录文献中各门类或某一门类的资料，按类或按韵编排，以便寻检和征引的工具书。它因博采群书、随类相从、资料丰富而被称为中国古代的"百科全书"。中国古代第一部类书《皇览》编撰于公元220年，此书共计800多万字，共分40多个部类。截至19世纪末，中国古代编撰的类书大约有700余种。其中，明代的《永乐大典》是中国古代最大的类书，清代的

【中国最早的纪传体史书——《史记》】

中国最早的纪传体史书，同时也是中国最优秀的一部史书，是西汉著名史学家司马迁（前145—前90）编纂的《史记》。《史记》又称《太史公记》，列"二十四史"之首。《史记》记载了上自中国上古传说中的黄帝时代，下至汉武帝元狩元年（前122年），共3000多年的历史。全书共130篇，52万余字。《史记》对后世史学和文学的发展都产生了深远影响。其首创的纪传体编史方法为后来历代"正史"所传承。同时，《史记》还被认为是一部优秀的文学著作，在中国文学史上有重要地位。

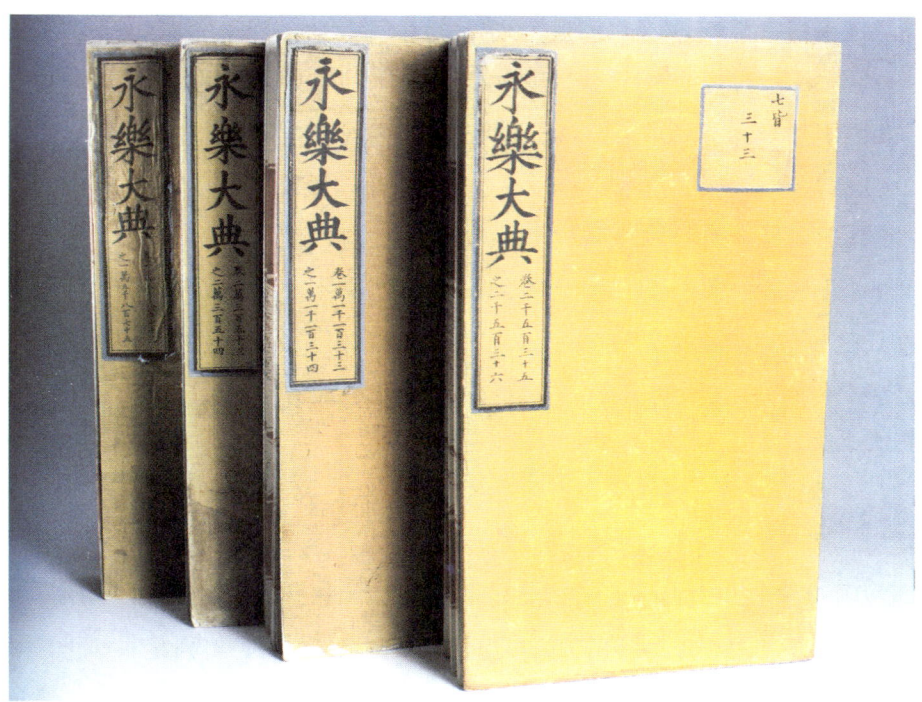

《永乐大典》的装帧外观

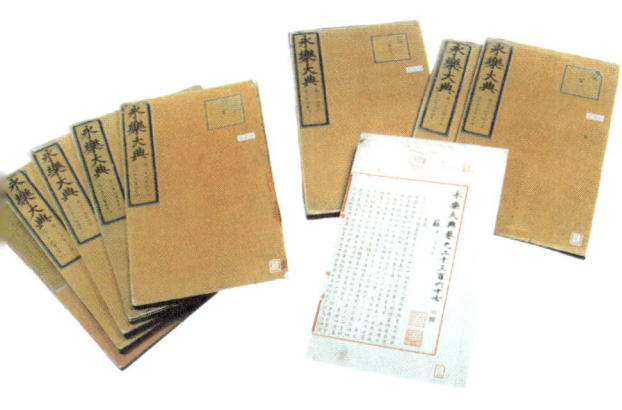

部分今存的《永乐大典》

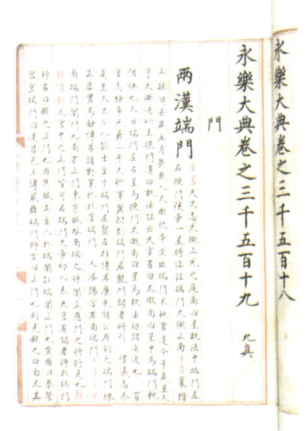

《永乐大典》的"门"字部

《古今图书集成》是体例最为完善同时也是现存最大的一部类书。

《永乐大典》是明代最大的文化工程，从明成祖永乐元年（1403年）到永乐六年（1408年）历时五年修成。先后参加者达2169人，仅誊抄的书手就有1300多人。它是在中国雕版文化全盛时期编纂成的著名写本书之一。全书共22937卷，约3.7亿字，共装成11095册，是名副其实的"大典"。《永乐大典》不仅篇幅巨大，而且缮写工整，书中文字全用毛笔以工整的楷书写成，同时还有许多精致的插图，形态逼真。版框界行红色，有红色句读。书型很大，黄绫面，硬包背装，典雅庄重。

《永乐大典》改变了过去类书的编排体例，按照"用韵以统字，用字以系事"的方法来编排，大大提高了检索的便利性。即按明初官修韵书《洪武正韵》的韵部编排，韵部之内各字亦按《洪武正韵》原书顺序排列。每字先从字义作详细解释，再列此字不同字体的写法，其后则为总叙、典故、诗文等部分，将与此相关的资料分别罗列起来，所引均系古籍原文。其引文处用朱笔抄写，其他文字则用墨笔抄写。全书结构清晰，栏目清朗。此种编纂形式，已经初具近代百科全书的特征。因此，有人将《永乐大典》视为世界上最早最大的"百科全书"。

《永乐大典》引用书籍和收录范围十分浩博，内容异常丰富，可谓包罗万象。全书辑录古籍七八千种，几乎将明朝皇家图书馆——文渊阁的藏书囊括殆尽。经史子集、天文地理、三教九流，甚至戏曲小说都网罗无遗。构成了15世纪初年的一个大藏书库。后人先后从《永乐大典》中辑录出500余种难见的图书。

《永乐大典》编成以后，一直深藏皇宫之内，未能刻印流布，最终毁于兵火与盗窃。据估计，目前中国国内各类图书馆和私人收藏的《永乐大典》约有800余卷，400余册，约当存世《永乐大典》的90%以上。令人遗憾的是，这些存书还不到原书的4%。

《古今图书集成》

中国现存官修规模最大、体例最完备的类书当数清代的《古今图书集成》。此书共10040卷，5020册，装525函，约计字数1.7亿，附图万余幅，引用书目达6000多种，是中国现存最大的一部类书。此书是清代康熙、雍正时由陈梦雷（1650—1741）、蒋廷锡（1669—1732）等先后主持编纂的，其中以陈梦雷用力最多。本书编辑历时28年，至雍正四年（1726年）编撰完成，并由雍正皇帝下令用铜活字排印65部，到雍正六年（1728年）印成。主要作为朝廷赏赐贵胄显宦之用，在世间流行不广。光绪十六年（1890年），清朝内务府又委托上海同文书局按原书尺寸版式影印100部，作为总理各国事务衙门赠送各国之用。

清代康熙皇帝读书像

《古今图书集成》在编排方法上彻底地贯彻了类书"以类聚事"的原则。全书的整体结构，是一个依据"天、地、人、事、物"这种传统的认识方法而具体设计出来的分类

雍正年间（1722—1735）内府铜版印本《古今图书集成》外观及《古今图书集成图谱》

系统。这个分类系统，由"汇编"、"典"、"部"三级类目构成。其分类细致，条理明晰，在组织体系和编排体例上远胜过以前的类书。它把类书"以类聚事"的特点进一步推向深入，这是中国古代类书发展成熟的体现。因此，《古今图书集成》在国内外享有很高的声誉，外国人将它称为"康熙百科全书"或"中国百科全书"。

《四库全书》与《续修四库全书》

中国古代很早就开始编辑出版丛书。在历代所编丛书中，规模最大、影响最广的是清代官修的《四库全书》。"四库"指经、史、子、集四部书籍，"全书"既言其所收之书均为全本，又反映其收书之广。此书从清代乾隆三十七年（1772年）到乾隆四十六年（1782年）编成。共收集中国古籍3470种、79018卷，分装36078册，约10亿字，相当于同时期法国狄德罗主编《百科全

乾隆朝服像

书》的44倍，是一部内容浩博、篇幅宏巨、影响巨大的鸿篇巨制。至今，世界上尚无一部书籍的规模可与之相比。

《四库全书》所收录的图书基本上包括了乾隆以前中国古代重要的文化典籍。就其内容之广博和篇幅之宏巨来说，当时不仅在中国，而且在全世界都是史无前例的。《四库全书》将这些图书分为经、史、子、集四部，下面又分为若干类，如经部10类、史部15类、子部14类、集部5类，共44类。

在编纂《四库全书》过程中，还编撰了《四库全书总目提要》200卷，是编纂官根据准备辑录图书的内容、时代、作者简历、版本源流等写出的内容提要。《四库全书总目提要》是中国古代书目的集大成之作。由于卷帙甚繁，翻阅不易，乾隆又令人在此基础上另撰简明目录，因此而有其缩略版《四库全书简明目录》20卷。

为了收藏《四库全书》，乾隆仿照宁波著名藏书楼"天一阁"式样，先后建造了七处藏书楼，统称"南北七阁"。文渊阁（北京皇宫）、文源阁（北京圆明园）、文津阁（承德避暑山庄）、文溯阁（沈阳故宫）为"北四阁"，均为皇家藏书楼，不

对外开放。"南三阁"是指文宗阁（江
苏镇江）、文汇阁（江苏扬州）、文澜
阁（浙江杭州），南三阁对当地士子开
放，可以进入其中阅读抄写。七部《四
库全书》现在仅存四部，分别收藏在中
国国家图书馆（文津阁）、台湾省图
书馆（文渊阁）、甘肃省图书馆（文溯
阁）、浙江省图书馆（文澜阁）。其他
三部均在19世纪60年代毁于战火。

《四库全书》所抄各书都有一定格
式，字迹工整，画图清晰，装订整齐。
经、史、子、集各部均用不同颜色的绢
作书皮。经部用绿色绢，史部是红色，
子部是蓝色，集部是灰色，分别象征着
春、夏、秋、冬四色。每若干册书用一
个精致的楠木匣贮藏。框界都是红色，

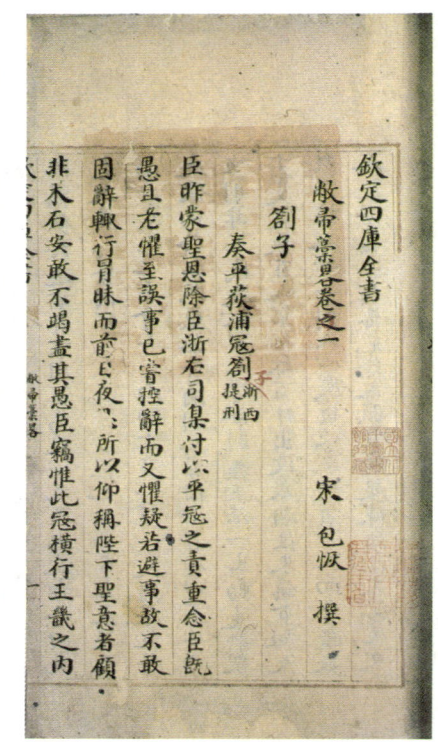

《四库全书》翰林院抄本《敝帚稿略》

版心上栏写"四库全书"，中写所抄书的书名、卷次及页码。每
部书卷首有本书提要。

须要指出的是，乾隆在编纂《四库全书》时，实行了"寓
禁于征"的政策。在收书、编书的同时，也删改或禁毁了大量不
利于其统治的图书，致使许多珍贵的著作失去了本来面目或绝迹
于人间，造成了无可补救的损失。尽管如此，《四库全书》仍有
其非常积极的作用。从整体上看，这部巨作的完成，显示了中华
民族的伟大气魄，体现了中国古代知识分子的智慧和毅力。古代
中国不仅修筑了万里长城，开凿了大运河，还编出了《四库全

浙江杭州文澜阁，为"南三阁"的仅存者。

书》，这都是中国古人为后世留下的宝贵遗产。

　　1994年，中国又启动了续修《四库全书》工作，历时八年，到2002年完成了全部1800册的编纂出版工作，由上海古籍出版社出版。这是继《四库全书》后，又一次在全国范围内对中国古典文献进行大规模的清理与汇集。《续修四库全书》收录范围既包括对《四库全书》成书前传世图书的补选，也包括《四库全书》成书后著述的续选。总共收书5213种，比《四库全书》增加51％。每种入选图书，均选取最佳版本影印。《续修四库全书》沿袭《四库全书》体例，按经、史、

写本《四库全书简明目录》及其书盒

子、集分类，用绿、红、蓝、灰四色装饰封面，16开本、精装1800册，分经部260册、史部670册、子部370册、集部500册。它与《四库全书》配套，构筑起一座中华基本典籍的大型书库，中国古代即1911年以前的重要典籍，大致荟萃于这两部大型丛书。

唐人诗集：《全唐诗》与《唐诗三百首》

中国向来被誉为"诗的国度"，诗歌一直是中国传统文学的主要形式之一。中国古代诗歌，一般称作旧诗，是指用文言文和传统格律创作的诗，广义的中国古代诗歌，可以包括各种中国古代的韵文如赋、词、曲等，狭义则仅包括古体诗和近体诗。在几千年的诗歌历史中，唐诗、宋词、元曲分别代表了不同时代文学的最高成就。

唐代（618—907）是中国古代诗歌空前繁荣的辉煌时代，唐诗代表了中国古代诗歌的最高水平。根据学者程郁缀先生的总结，唐诗的繁荣主要表现在六个方面：一是诗歌数量之多，是空前的，现存唐诗约有5万首；二是诗人之多，也是空前的，不仅名家、大家辈出，而且遍布社会的各个层次；三是题材广泛，流派纷呈，风格千姿百态；四是题材丰富，众体皆备，如乐府、五绝、七绝、五律、七律等等，应有尽有；五是名篇迭出，不胜枚举；六是求新求变，充满了创造精神。

唐代著名诗人如李白、杜甫、白居易、王维、岑参等人都有诗集流传后世，为世人广泛传诵。大部分唐诗都收录在清代编修的《全唐诗》，可称为唐诗的"全集"。自唐朝开始，有关唐诗的选本不断涌现，而流传最广的当属蘅塘退士编选的

《唐诗三百首》。

　　《全唐诗》是清朝初年编修的汇集唐一代诗歌的总集，全书共900卷，由曹寅、彭定求等人奉康熙皇帝之命编修而成。此书是目前规模最大的唐诗总集，据日本学者平冈武夫统计，共收诗49403首，句1555条，作者共2873人。《全唐诗》的编修始于康熙四十四年（1705年）五月，完成于次年十月，历时仅一年多。原因很简单，在此书之前，历代学者和文人已经为编纂唐诗做过大量工作。曹寅等人在编修过程中就充分利用了前人的成果，其中最为重要的是明代胡震亨（1569—1645）的《唐音统签》以及清代初年季振宜（1630—1674）的《唐诗》。《全唐诗》编成的第二年，即由内府精刻行世，后又有扬州诗局本，二本皆为120册，分

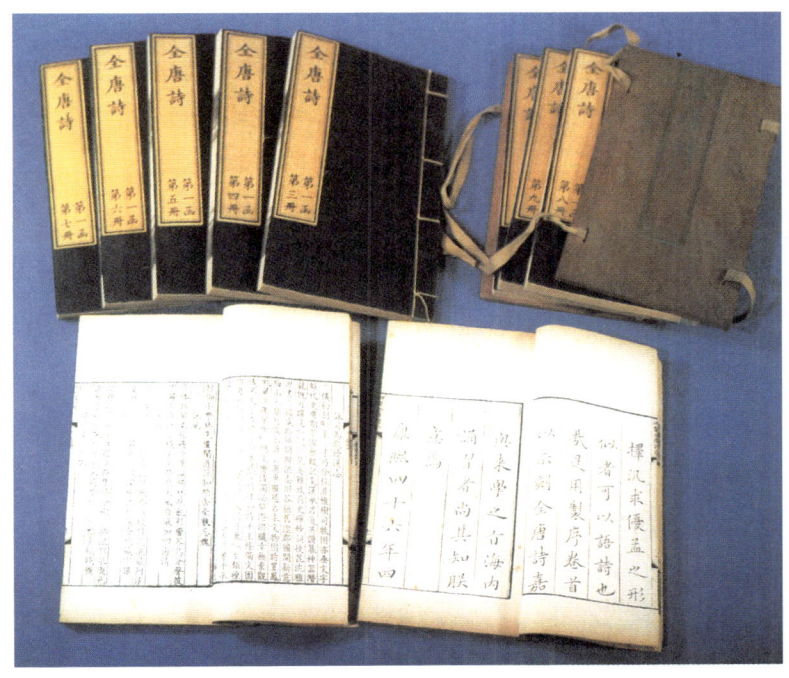

清康熙扬州诗局刻本《全唐诗》

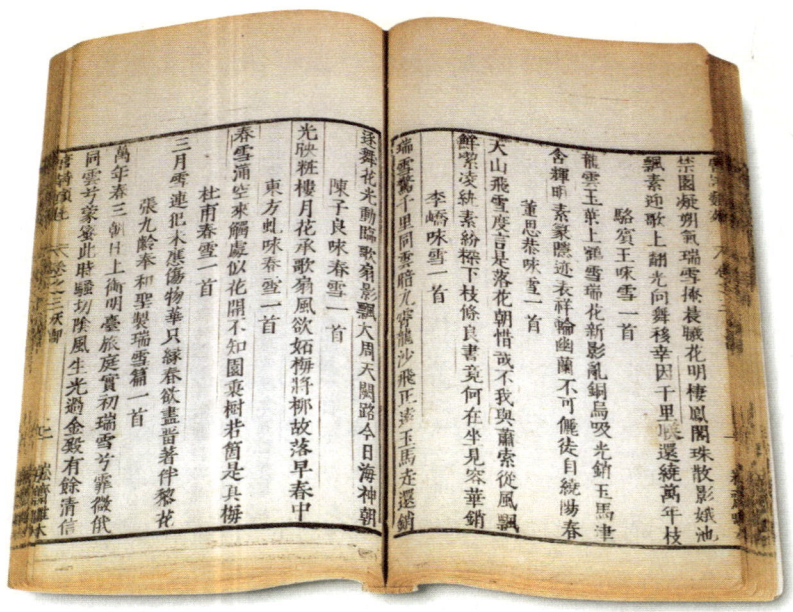

明万历钱塘嵩斋木活字印本《唐诗类苑》

装十函。《全唐诗》将唐代诗歌汇为一帙，为研究者提供了莫大的方便。但由于成书仓促，也存在一些问题。所以此书之后，代有补遗和考订之作。其中，由中华书局出版的《全唐诗外编》为最重要的补遗之作。目前，《全唐诗》已经有了完备的电子和网络检索系统，甚便读者。

《唐诗三百首》则是流传最广、读者最多的唐诗选本，也是唐诗最好的入门和普及读物，由清人蘅塘退士（1711—1778）编选而成。蘅塘退士原名孙洙，江苏无锡人，为官清廉，勤勉好学。因感于缺乏便于初学者的唐诗选本，决定以一己之力编出新的选本，作为合适的、流传不废的家塾课本。因此在选诗的过程中，专选那些脍炙人口又易于诵读的名篇。此书编成于乾隆二十九年

（1765），以体裁为经，以时间为纬，共选入唐代诗人77位，计310首诗，其中五言古诗33首、乐府46首、七言古诗28首、七言律诗50首、五言绝句29首、七言绝句51首，诸诗都配有注释和评点。书的题目有的说脱胎于民谚"熟读唐诗三百首，不会做诗也会吟"，有的说取自"诗三百"。此书一出，迅速风行海内，几乎家置一编，成为老幼皆宜、屡印不止的最经典的选本之一，数百年来畅行不衰。

宋人词选：《全宋词》

宋词是继唐诗之后的又一种文学体裁，历来与唐诗并称双绝，都代表一代文学之盛。宋词从风格上可分为婉约派、豪放派两大类。婉约派的代表人物有李清照、柳永、秦观等。豪放派的代表人物则有辛弃疾、苏轼、陈亮等。目前规模最大的宋词总集是今人唐圭璋编的《全宋词》。

宋人词集的编辑与刊刻，始于明末著名出版家毛晋的《宋六十名家词》。其后，编选者代不乏人。但诸家所刻，均不足以探求一代词作的全貌。20世纪30年代，唐圭璋开始在综合诸家选本的基础上，广泛搜集，着手编纂《全宋词》。

元大德三年（1299年）广信书院刻本辛弃疾词选《稼轩长短句》

经过七年努力，终于大功告成，并于1940年由商务印书馆出版线装本。中华人民共和国成立后，编者又对《全宋词》进行了补编和校订，1965年由中华书局重印出版。新版《全宋词》不仅增补词作1400余首，而且在体例上改变了旧版按"帝王"、"宗室"等分类排列，改为按词人年代先后排列，最后附有"作者索引"。新版《全宋词》共计两宋词人1330余家，词作约 20000首，引用书目达530多种。此后，编者又续作修订补正，写成《订补续记》，附于1979年重印本卷末。此书收录齐备，考订精审，为

唐圭璋先生像

研究宋词的必备参考书。唐圭璋能以一人之力完成宋词总集的编选工作，实为中国现代编辑出版史上的杰出典范。

元曲结集：《全元散曲》与《元曲选》

元曲是华夏文化宝库中的一朵奇葩，与唐诗、宋词鼎足并举，在思想内容和艺术成就上体现出独特的风格。它不仅是文人士大夫咏志抒怀的文学工具，而且为普通大众提供了喜闻乐见的崭新艺术形式。元曲包括杂剧和散曲，是元代文学的主体。元曲的优秀作家不胜枚举，杰出者如关汉卿、汤显祖、纪君祥等，他们的代表作如《窦娥冤》、《西厢记》、《赵氏孤儿》等在世界

文坛上都享有盛誉。

元杂剧的选本很多，最著名的是明代臧懋循（1550—1620）编订的《元曲选》。该书100卷，共选杂剧100种，故又称《元人百种曲》。现存元人杂剧总数不足200种，而《元曲选》中所收元代作品，即占现存总数的一半以上。而且集中收录了关汉卿《感天动地窦娥冤》、白朴《唐明皇秋夜梧桐雨》、马致远《破幽梦孤雁汉宫秋》等众多作家的名剧，故影响很大，对元杂剧的传播起了重要作用。现代学者隋树森将近几十年陆续发现的元杂剧汇编为《元曲选外编》，1959年9月由中华书局出版。二书合观，就是我们现在所能看见的元杂剧的全部。

元散曲最著名的总集是今人隋树森编的《全元散曲》，此书共收入自金代元好问至元末明初谷子敬等213位散曲作家以及这一时期无名氏的散曲作品，共收小令3800余首，套曲450余套。在编排上大体以作家年代先后为序，每一作家附有小传。对所收散曲作品，于曲尾注明出处，比较全面地反映了元朝一代散曲的创作概况。辽宁省图书馆近年发现罗振玉藏6卷残本《阳春白雪》，其中有25首套曲，前所未见，可补《全元散曲》。

明清小说：四大名著与"三言二拍"

明清是中国古典小说史上的繁荣时期。明清小说以前所未有的广度和深度反映了当时社会生活的各个方面，成为人民群众认识社会和文娱生活的主要文学样式，在文学史上，取得了与唐诗、宋词、元曲并列的地位。

明清长篇小说中最著名的是被誉为"四大名著"的《三国演

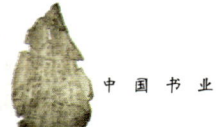
义》、《西游记》、《水浒传》和《红楼梦》。这四部中国古典长篇小说是中国乃至全人类共同拥有的宝贵文化遗产。

《三国演义》，共120回，以陈寿的《三国志》为蓝本，并结合民间传说敷演，由罗贯中（1330—1400之间）于元末明初写定，是中国第一部长篇章回体小说。此书生动描写了东汉末年和三国时代魏、蜀、吴三国之间复杂的军事、政治斗争。文字

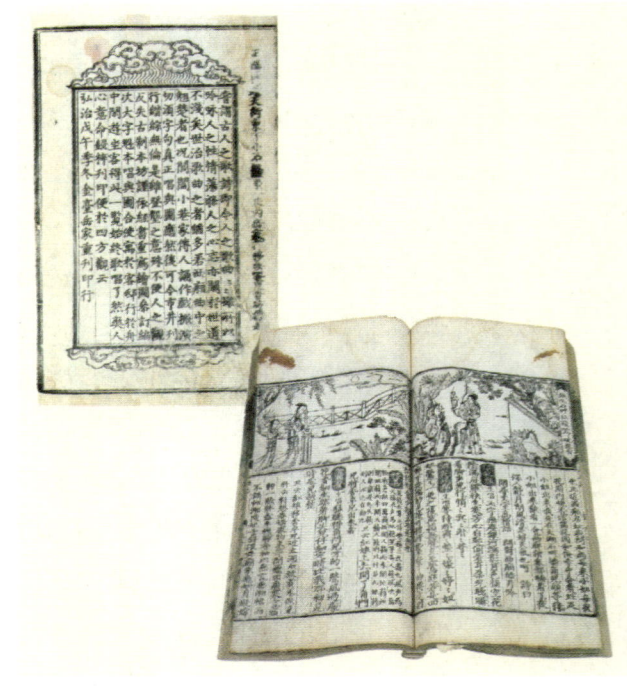

明弘治十一年（1498年）京师书坊金台岳家刻本《奇妙全像西厢记》

浅显，人物形象刻画深刻，情节曲折，结构宏大。

《水浒传》或题施耐庵（1296—1371）著，或题施耐庵、罗贯中合著。由作者在《宣和遗事》及相关话本、故事的基础上创作而成。描述北宋宣和年间以宋江为首的108人逼上梁山、"替天行道"的雄壮故事。故事曲折、语言生动、人物性格鲜明，具有很高的艺术成就。它是中国第一部用通俗口语写成的长篇小说，在文学史上有很高价值。《水浒传》在流传中，出现了多种不同的本子。现在所见的，主要有100回本、120回本和70回本。

《西游记》，共100回，由明人吴承恩（约1504—约1582）在民间传说的唐僧取经的故事和有关话本及杂剧基础上创作而成。

前七回叙述孙悟空出世、大闹天宫等故事。此后写孙悟空、猪八戒和沙和尚三人随唐僧西天取经，沿途除妖降魔、战胜困难的故事。该书想象丰富，手法浪漫，语言诙谐，规模宏大，结构完整，是白话小说中独树一帜的优秀之作。

《红楼梦》，清代伟大文学家曹雪芹（1715—1763）著。该书以作者家庭生活为原型，以贾宝玉与林黛玉、薛宝钗的爱情与婚姻悲剧为主要线索，描写了贾氏家族由盛而衰的历史，反映出进入末期的中国封建社会不可避免的崩溃结局和初步的民主主义思想倾向。全书情节缜密，细节真实，语言优美，以其丰富的内容、曲折的情节、深刻的思想认识、精湛的艺术手法成为中国古

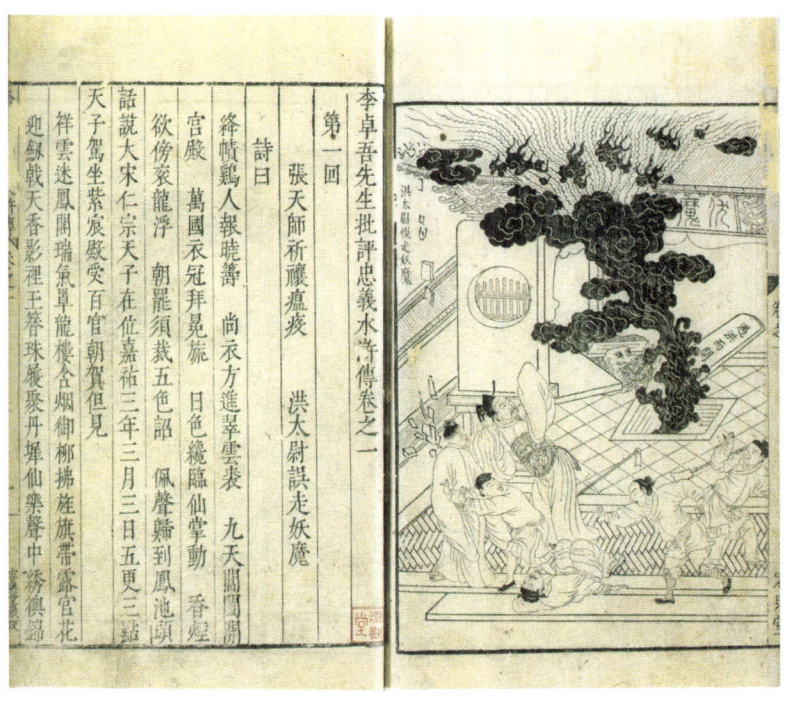

明万历年间杭州容与堂刻本《李卓吾先生批评忠义水浒传》

典小说中最伟大的现实主义作品。现在通行的《红楼梦》共120回，前80回由曹雪芹作，后40回一般认为由高鹗所续。

明清最优秀的白话短篇小说是"三言二拍"。明代冯梦龙辑纂的《喻世明言》、《警世通言》、《醒世恒言》合称"三言"，收入宋、元、明话本及拟话本120篇。题材多取自稗史或传说，经冯梦龙润色加工而成，反映出当时市民阶层的思想、生活和情趣，对后世的白话小说及戏曲都有很大影响。常与"三言"并

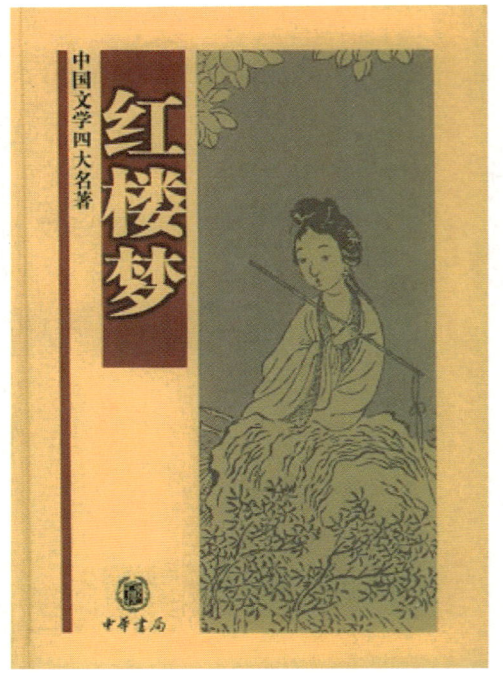

中华书局出版的《红楼梦》

称的是凌濛初编著的拟话本集《初刻拍案惊奇》和《二刻拍案惊奇》，合称"二拍"，各40篇。"二拍"思想性、艺术性不及"三言"，但为凌氏本人创作，选材标准与语言风格比较统一。

明清文言小说的杰出代表是清代文学家蒲松龄（1640—1715）撰写的《聊斋志异》。全书共有短篇小说491篇。题材非常广泛，内容极其丰富。多数作品通过谈狐说鬼的手法，对当时社会的腐败、黑暗进行了有力批判。此书成功地塑造了众多的艺术典型，人物形象鲜明生动，故事情节曲折离奇，结构布局严谨巧妙，文笔简练，描写细腻，堪称中国古典短篇小说之巅峰。

《中国大百科全书》

中国文化界一向有编纂类书的优良传统。现代百科全书传入中国后，中国学人又把编纂现代型的百科全书作为自己努力的目标，20 世纪初叶就曾有人试出过几种小型的实用百科全书。1978年，中国国务院决定编辑出版《中国大百科全书》，并成立中国大百科全书出版社负责此项工作。至1993年，全书所有学科74卷出齐，共收7.8万个条目，计1.26亿字，并附有近5万幅图片，内容宏富，适于高中以上、相当于大学文化程度的读者使用。这就是著名的《中国大百科全书》第一版。此书的出版结束了中国没有百科全书的历史，被誉为"中华文化的丰碑"，成为20世纪末中国科学文化事业繁荣发达的一个标志。

按照国际惯例，百科全书通常每间隔若干年出版一个新的版

《中国大百科全书》第一版

113

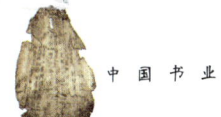

本。《中国大百科全书》第一版出版以来，人类社会发生了急剧变化，世界各个领域的知识大幅更新。有鉴于此，中国于1995年开始启动《中国大百科全书（第二版）》的编辑出版工作。经过总编辑委员会和全国各界专家学者历经10余年努力，这一皇皇巨著终于在2009年编纂完成，并由中国大百科全书出版社出版。

《中国大百科全书（第二版）》在第一版基础上，适应时代发展变化和要求，重新撰写大量条目，替换更新过时条目，归类合并重复条目，修改保留稳定条目，对原书作了进一步完善。《中国大百科全书（第二版）》总卷数为32卷（正文30卷、索引2卷），共收条目约6万个，约6000万字，插图3万幅，地图约1000幅。全书准确性、权威性、可读性强，深入浅出、检索便捷，既是全面系统反映国家科学文化发展最新水平，尤其是充分反映在建设中国特色社会主义事业过程中取得重要成果的新一代百科全书，也是一套适合大众阅读使用、服务经济社会发展的实用工具书，同时也是中国第一套符合国际惯例的大型现代综合性百科全书。

古今之变

中国出版走向现代

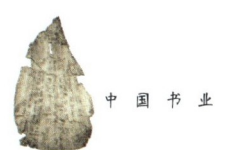

19世纪初期，西方先进的出版技术开始传入中国，预示着中国的出版业将要发生深刻变革。1840年鸦片战争以后，中国闭关自守的局面逐渐为欧美等先进的资本主义国家所打破，随着资本主义势力的不断入侵，中国传统社会开始瓦解，近代化开始成为社会发展的基调和主线之一。在剧烈的社会文化变革中，中国的传统出版事业已经不能适应时代的发展需求，开始了从古代到近代的转变，在各个方面都发生了根本性的变化，由此也进入了它的变革与转型时期。变革和转型的结果，便是中国出版业开始从传统走向近代，逐渐形成具有近代形态的新式出版，为中国出版业的现代化奠定了坚实基础。

19世纪末20世纪初，商务印书馆、中华书局、文明书局等一大批现代民营出版机构的出现，标志着中国的出版业已经完成了"从古到今"的变革。从此以后，现代出版业开始成为中国出版的主要形态，与19世纪以前的古代出版有着截然不同的"古今之别"。这是与中国现代社会发展相契合的出版形态，与传统出版有着本质性的区别。

整体来看，从1840年鸦片战争爆发至1949年中华人民共和国建立这100多年间，是中国现代出版兴起和发展的重要历史阶段。尤其是20世纪初至1949年之间，更是中国现代出版业的繁荣发展阶段。据保守统计，仅1911—1949年，中国出版的各类中文图书至少在12万种以上，出版发行期刊杂志1万多种，报纸2500种以上。在不到40年的时间里，就出版了这样巨量的出版物，这在中国出版史上是空前的。同时，现代出版业的兴起，在促进中国社会进步和文化发展方面，也发挥了前所未有的积极作用。

机械印刷技术的传入与应用

西方近代印刷技术的传入，是中国近代出版业崛起的杠杆。19世纪初，西方近代机械化铅印术已经传入中国。将第一套中文铅活字带到中国的是英国伦敦布道会传教士马礼逊（Robert Morrison，1782—1834）。1814年，马礼逊在马六甲设立印刷所，雕刻中文字模，铸造中文铅字。1819年，印成铅字中文书籍《新旧约全书》，成为铅印中文书籍之始。此举也培养了第一批中国印刷工人。

1840年鸦片战争以后，西方传教士纷纷涌入中国，为了传教之需，部分传教士开始在中国从事印刷出版事业。1843年，英国传教士麦都思（Walter Henry Medhurst，1796—1857）将他在巴达维亚建立的印刷所迁到上海，定名为墨海书馆。墨海书馆是上海

20世纪初期中华书局使用的凹版印刷大电机

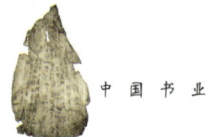
最早拥有机械铅印设备的印刷出版机构。在墨海书馆建立前后，外国人在华设立的出版机构还有美华书馆、英华书院、格致书院等。其中美华书馆规模最大、出书最多、技术也最先进。

1879年，英商美查（Ernest Major，1830—1908）在上海设立了点石斋石印书局，采用石印术印刷中国古籍。所印之书不仅字体优美，而且书小价廉，便于携带，因此广受读者欢迎。中国人也认识到了石印术的独特魅力。继点石斋石印书局后，其他石印书局也纷纷成立，石印术很快就取代了传统的雕版印刷术，成为当时中国最主要的一种印刷方式。石印术的兴盛，使得资本主义出版企业得以纷纷成立。

20世纪初期，石印术在中国印刷界的独尊地位逐渐为铅活字印刷所代替。西方新式的印刷机械开始在中国广泛使用，人们在使用新式印刷术时，还结合汉字的特征，不断加以改进和创新。至此，经过跨越式的发展，中国的出版技术已经与西方相差较小，实现了从手工操作向机械化大生产的转变。

从19世纪初到20世纪初，经过近100年的发展，现代机械化印刷术逐渐成为中国印刷业的主流，传统的旧式印刷技术或退出历史舞台（活字印刷术），或退居次要地位（雕版印刷术、套版印刷术）。印刷业也逐步成为资本主义经营方式的工业企业，从生产力到生

英国传教士马礼逊，被称为揭开中国近代传教士译书序幕的第一人。

晚清著名画家吴友如1884年所绘上海点石斋石印工厂实景

产关系都实现了根本性的变革。

　　现代印刷的变革所引发的一个直接结果，就是中国传统书籍制度的变革。19世纪之前，中国的图书形制以线装为主。新式印刷术传入以后，"洋纸"（进口纸）也应运而来。据统计，1903年中国进口纸张的价值为268.4万两白银，1911年达560.5万两，1903—1911年，进口纸张所用白银共达3416.5万两，足见增长速度之快、用纸数量之多。在这种情况下，洋纸便逐渐取代软纸，成为主要的出版用纸，传统的单面印刷也因之而变为双面印刷，书籍的装订和装帧也随之发生变革。西式装订开始成为出版物的主要形制，在西方广为流行的精装、平装在中国得到了普遍的应用，从而实现了图书装订和装帧的变革。

新式出版企业的崛起

19世纪以后，中国传统的出版体系趋于衰落、解体，在变革的剧痛中走向新生。与此同时，近代意义上的资本主义出版企业开始出现并发展壮大，并在社会的发展变革中起到了前所未有的推动作用。

在这个过程中，传教士和外国商人创办的出版机构是中国第一批具有资本主义性质的出版机构，在中国出版近代化过程中起着先导和示范作用，如墨海书馆、英华书院、美华书馆、广学会、申报馆等等。此类出版机构的相继建立，为中国出版界带来了西方先进的出版思想、印刷技术和近代企业管理模式，极大地促进了中国出版业从传统向近代的转化。

近代卷筒印书机，所用纸张已经不同于传统手工制作的纸张。

19世纪60年代"洋务运动"兴起以后，受西方新式出版机构的影响，晚清政府也创办了译书馆和官书局，与传统的官刻事业已有明显的不同，如江南制造局译书馆、京师同文馆、金陵书局、浙江书局、江苏书局等等。

19世纪末20世纪初，中国社会风气日渐开化，民间商办出版机构开始兴起。1882年，由徐鸿复、徐润在上海创办的同文书局，是由中国人自己集资创办的第一家近代民营出版企业。此后，蜚英馆、鸿文书局、积石书局等一批初具近代企业性质的民营出版机构纷纷成立。与此同时，一些传统的民间书坊也逐渐向近代性质转化。

1897年商务印书馆的成立，标志着中国近代民营出版业开始进入一个新的发展阶段。到1906年时，上海成立第一个书业商会，已有22家新式出版机构。继商务印书馆之后，中华书局、文明书局、世界书局、大东书局、开明书局等新式民营出版机构如雨后春笋一般涌现出来。这些近代出版企业完全面向市场，在现代出版理念的指引下，以近代机械印刷术为生产工具，采取灵活多样的现代经营方式，在追求商业利润最大化的同时，积极履行出版人的社会责任，最终成为近代中国出版业的中流砥柱，开创了中国现代出版业的辉煌局面。

在众多的民营出版机构中，历史最长、影响最大的有两家，即商务印书馆和中华书局。以1936年为例，全国初版和重版图书总数为9438种，其中商务印书馆一家就出了4938种，中华书局出了1548种，这两家大出版社合计出书达6486种，占全国图书出版总数的69%。其重要性可见一斑。

商务印书馆与张元济

商务印书馆由夏瑞芳、鲍咸恩、鲍咸昌、高凤池等人于1897年在上海江西路德昌里设立。20世纪初，商务印书馆紧密配合新文化运动，提倡白话文，创办新刊物，编辑出版了大量反映新思想、新文化内容的书籍。除了积极引进西学，出版汉译名著以外，还编辑出版符合时代需求的教科书与工具书和大批成套的古籍。更为重要的是，商务印书馆为出版界培养了大批专业编辑出版人才，20世纪初的知名出版机构的创办者或主持人，大多数都有在商务印书馆工作的经历。商务印书馆从初创时的一家小印刷厂，发展成为中国近现代史上最大的新式出版企业，是与张元济的主导作用分不开的。

张元济（1867—1959），浙江人，著名国学大师、史学家，近现代史上影响最大的出版大家。1902年，张元济应夏瑞芳邀

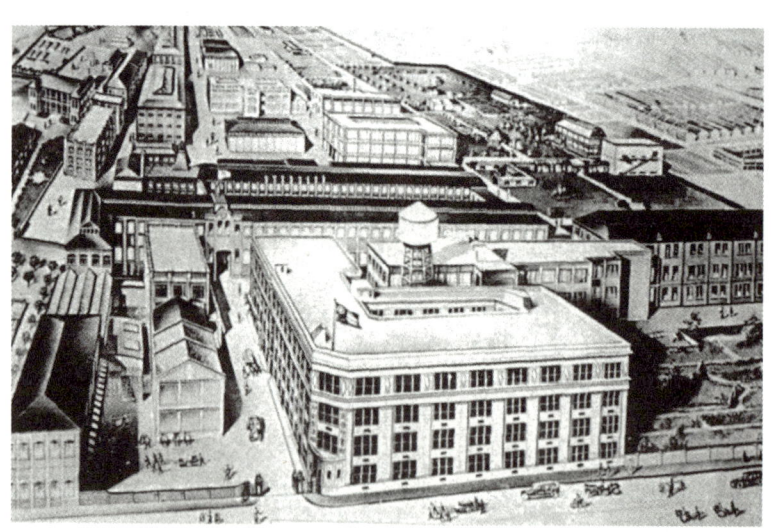

近代商务印书馆全貌复原图。进入20世纪后，商务印书馆迅速发展壮大，成为远东第一大出版社。

张元济

请，抱着"以扶助教育为己任"的宗旨，正式加入商务印书馆。1903年担任商务印书馆编译所长，1916年任经理，1926年任董事长直至逝世。在长达半个多世纪中，他对近现代出版事业和文化教育事业作出了杰出贡献。

作为一名杰出的出版家，张元济思想维新，学贯中西，博古通今，有远见，有魄力，又有强烈的爱国热情和社会责任感。他首先以清廷提倡新学、废除科举为契机，组织编写新式教科书。1904年，在他的主持下，中国第一部小学教科书《最新教科书》出版，在中国现代教育史上具有开创意义。此后，商务

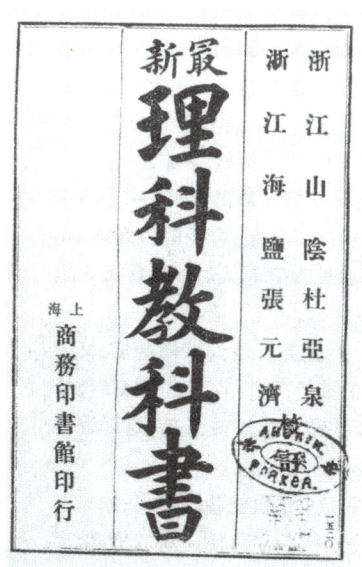

商务印书馆的"最新版教科书"系列中的《理科教科书》扉页

版的教科书风行全国。他还致力于引进西学、介绍新知，精心选择、组织翻译出版了一大批外国学术和文学名著，其中以严复（1854—1921）翻译的《天演论》、林纾（1852—1924）翻译的《茶花女》影响尤为广泛深远。他还在上海创办了东方图书馆和涵芬楼，利用国内外50余家公私藏书影印出版了《四部丛刊》、百纳本《二十四史》、《续古逸丛书》

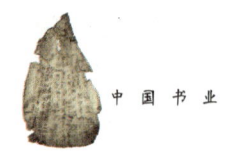

共610种，2万卷。其版本之精善，校勘之精审，印刷之精美，都是前所未有的，一直是后世古籍出版的典范之作。在他的主持下，商务印书馆还编辑出版了一大批工具书。1915年，中国第一部新式辞书《辞源》问世。与此同时，商务印书馆还先后出版了《东方杂志》、《小说月报》、《教育杂志》、《妇女杂志》、《学生杂志》等知名期刊。

在第二次世界大战期间，商务印书馆被毁，张元济立即组织复兴委员会，提出"为国难而牺牲，为文化而奋斗"的爱国敬业口号，在重庆等地继续印刷出版事业。

中华书局与陆费逵

在中国近现代出版史上，能与商务印书馆齐名的民办出版机构是中华书局。中华书局于1912年创建于上海。创办人陆费逵（1886—1941）为浙江人，早年有过丰富的教育和出版经验。在他主持工作的近30年中，中华书局共出版图书4000余种。

中华书局编辑所

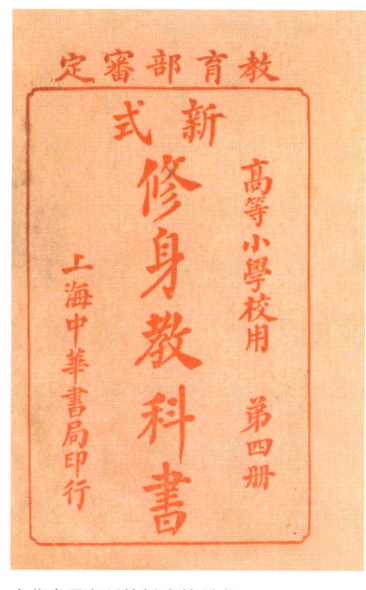

中华书局出版的新式教科书

1912年中华书局创办时，只有2.5万元的固定资金。到1916年时，资本已经达到160万元，成为国内仅次于商务印书馆的第二大民营出版社。当时的中华书局编辑出版的书籍和刊物种类齐全，数量众多，主要有：（1）教科书。共计编辑出版各科各级教科书400余种，在民国时期的出版界独占鳌头；（2）社会科学类书籍。总计编辑出版数千种，其中《文化丛书》、《社会科学丛书》等都风靡一时；（3）杂志。先后创办杂志20余种。其中著名的有《大中华》、《中华教育界》、《中华小说界》、《中华学生界》、《中华童子界》、《中华妇女界》、《中华英文周报》、《中华儿童画报》等；（4）工具书。以1915年出版的《中华大字典》、1934年影印出版的《古今图书集成》、1936年出版的《辞海》最为著名；（5）古籍整理。以1930年出版的《聚珍仿宋版二十四史》、1926年起排印的聚珍仿宋版《四部备要》最为著名。

新型出版物的出现

19世纪以后，随着近代出版业的兴起，中国的出版物内容和出版物类型发生了极大的改变。

现代学科内容图书的出版

中国传统图书向以经、史、子、集为其主体。19世纪40年代以后，国门渐开，中西接触日渐频繁，中国知识分子的眼界也因之而扩大，开始广泛接触、了解、移植西方的思想文化。大量翻译图书的出现，广泛传播了西学新知，引起了出版物内

中国学者华蘅芳（1833—1902）及其译作《地学浅释》，此书已经与中国传统的地理学著作有明显区别。

容和结构的巨大变革。在传统的经、史、子、集四部图书以外，各种自然科学、应用科学和哲学、社会科学著作在这一时期不断涌现，一批新学科随之相继建立。《民国时期总书目》收录了1912—1949年出版的图书12余万种，其中包括了哲学、心理学、宗教、政治、法律、军事、经济、文化、科学、教育、体育、文学、艺术、医药卫生、农业科学、交通运输等18个门类。从这一分类情况来看，截至1949年，中国的现代学科体系已经基本成熟。

报纸与杂志大量出现

随着出版物内容的日渐扩大，中国出版物类型也日益丰富，涌现出了形形色色的新型出版物。其中一个引人瞩目的现象就是报纸、杂志的大量出现。《全国中文期刊联合目录》著录了中国50所图书馆所藏1833—1949年间国内外出版的中文期刊近两万种。

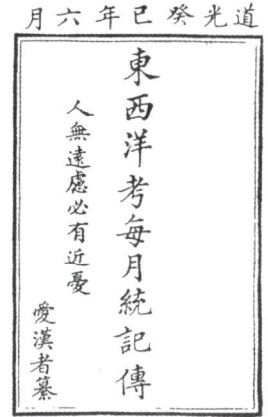

第一份在中国大陆创刊的中文期刊《东西洋考每月统记传》(1833年创刊)

《上海图书馆馆藏建国前中文报纸目录》收录了馆藏1862—1949年国内外出版的中文报纸3500余种。从这两组数据中可以大致看出当时报纸、杂志出版的整体情况。近代报刊具有反应及时、流传广泛等优点，极大地促进了近代出版和大众传媒事业的大发展，同时也给社会带来巨大的影响。

教科书、新型工具书与连环画

从翻译外国教科书到自己编写教科书，从文言文教科书到白话文教科书，从体例内容的不完善到比较完善，教科书经历了一个不断变革以适应形势发展的过程。在古代字书、类书、书目的基础上，近代又涌现了一批新型工具书，如报刊索引、字典、辞典、表谱、舆图、年鉴、手册等工具书的编纂出版日益增多。在古代上图下文绣像小说的基础上，近代又出现了连环画。这些新型出版物一经出现，就迅速赢得了读者和社会的认可，发行数量都十分可观。

新式出版推动社会变革

现代出版观念深入人心

19世纪以来，中国出版业在走向现代化的过程中，西方的出版观念也在"西学东渐"的浪潮中传入中国，其中最为重要的，便是"出版自由"的观念。

1644年，英国政论家约翰·密尔顿在《论出版自由》中，首先表达了出版自由的观念。当欧洲新兴资产阶级登上历史舞台时，曾以"出版自由"这个口号作为反对封建专制、争取民主与科学权利的武器。在中国也是如此，从19世纪中叶起，"出版自由"不仅成为一部分志士仁人反封建的批判武器，而且成为中国资产阶级改良主义者的理想与追求。1912年辛亥革命成功后，新成立的中华民国政府在《中华民国临时约法》中布告天下："人

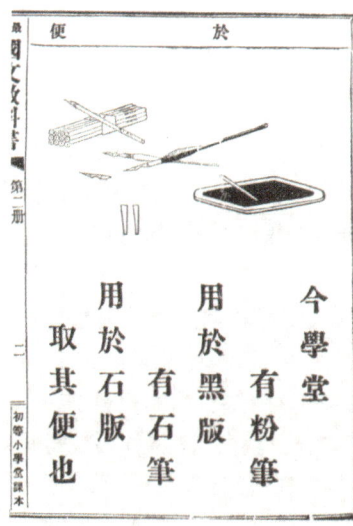

商务印书馆在20世纪初编印的《最新版初等小学国文教科书》课文

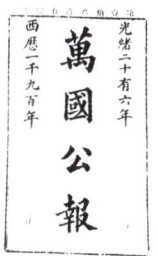

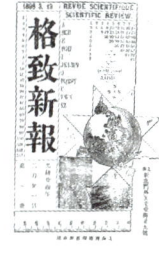

19世纪末期中国出版的介绍西学的各种杂志

1887年出刊的《点石斋画报》所载内容：西方巨人在上海街头引起市民围观。

民有言论、著作、刊行及集会、结社之自由。"这标志着，出版自由作为人民的一项权利，已经具有了法律上的保障。

版权制度最终确立

版权保护的观念和意识也逐渐深入人心，最终促成了中国近代版权制度的建立和版权法的出台。1903年，就译著《社会通诠》的出版，商务印书馆与中国著名的翻译家严复签订了近代中国第一个具有现代意义的出版合约，合约规定："此书版权系稿、印两主公共产业。若此约作废，版权系稿主所有。""此约未废之先，稿主不得将此书另许他人刷印。"它具体规定了当事人双方各自的权利和义务，对双方同时起着约束和保障作用，以前空洞的版权声明至此得到了具体落实。

版权制度在20世纪初的最终确立，不仅意味着中国的作家已

享受到应得的劳动报酬，同时也体现了社会对著作人权利的承认和尊重。版权制度出现在文化界，直接促进了作家群体的扩大和创作事业的繁荣，并为职业作家的成长和壮大奠定了经济基础，从而为出版事业和文化事业的持续繁荣发展提供了不竭的动力。

对社会变革发展的促进

19世纪以前的中国是一个相对封闭和稳定的社会，其间虽因佛教之传入和明末西学之输入而略有变化，但并未引起中国传统社会和文化特质的根本性变革，中国传统文化的变迁是平稳而缓慢的。这一特征对中国传统出版事业的影响至为深远，使之也同样呈现出一种封闭而稳定的发展状态。

19世纪以后，中国社会在外力的作用下发生急剧的变革，现代化已是大势所趋。在这一大背景下，中国的出版业也不得不走上现代化的历程，出版成为反映国家、民族命运浮沉的感应器和晴雨表。身处变革之中的出版业以"救亡图存"、"与时俱进"为第一要义，大量出版现代自然科学和社会科学方面的书籍，传播新的思想观念和科学知识，为中国社会的发展与变革提供了强大的动力。当时，有四种类型的新式出版物对中国社会的进步产生了十分积极的影响：一是传播和普及现代科学文化知识的读物，以新型教科书和新式翻译图书为代表；二是宣传革命思想、引导民众觉醒的著作；三是提高民众情操、丰富民众生活的文学艺术读物；四是继承文化遗产、积累和弘扬民族文化的古籍读物及与其有关的工具书。

19世纪40年代以后，社会各阶层、阶级、党派都通过出版书刊来宣传他们的政治思想，西方各种先进的文化与科学知识也通

发表青年毛泽东《体育之研究》一文的《新青年》杂志

过图书这一载体得以传播。可以毫不夸张地说，这一时期几次大
的政治运动及西方文化的大规模引进都是与出版活动分不开的，
出版对社会变革的"催化剂"作用得到了淋漓尽致的发挥。如近
代著名翻译家严复的译书活动曾在当时引起极大轰动，其译书中
提出的"物竞天择，适者生存"的观点曾影响了几代中国人。20
世纪初，一批倡言资产阶级革命的图书应时而出，最终促成了辛
亥革命的成功。1919年新文化运动的兴起，则在很大程度上要归
因于《新青年》等出版物对"民主"、"科学"等先进思想的广
泛宣传。

　　就是在这种出版与社会的互动中，中国的出版与社会文化都得到了前所未有的变革与发展，为当代中国出版文化事业发展奠定了坚实的基础。当然，需要指出的是，当中国现代出版业兴起壮大时，传统出版业并没有完全消亡，有的还延续至今，它们虽然已非时代的主流，但其对中国出版业的贡献也不可小视。

继往开来

当代中国出版的繁荣

1949年中华人民共和国成立以来，中国的出版事业作为中国特色社会主义伟大事业的重要组成部分，走过了60年的发展历程。在不断的发展变革中，中国的出版业取得了十分可观的成就。随着改革开放的不断深入，中国出版业日益发展成为中国特色社会主义文化事业和文化产业的核心力量之一，在国家经济社会和文化建设中发挥着越来越重要的作用，并在中外文化交流中扮演着十分重要的角色。60年的发展成就证明，当代中国已经成为世界上的出版大国，其强劲的发展态势与辉煌的古代出版文明交相辉映。

出版规模逐年增长，出版实力大幅度提高

1949年以来，中国大陆的出版业虽然因为受到某些因素的影响，在发展中出现过曲折，但是整体看来还是取得了巨大的成就，尤其是1978年改革开放以来，中国出版业所取得的成就更是引人注目，以下数据就可以说明情况：1950年，全国共有图书出版社211家，当年出版图书12153种，总印数2.75亿册；1978年，全国有出版社105家，全年出版图书14987种，总印数为37.74亿册；发展到2008年，全国共有出版社579家，共出版图书274123种，总印数70.62亿册（张），总印张561.13亿印张。期刊品种则由1977年的600余种增长到2008年的9549种。报纸品种也由当年的200种增至2008年的近1943种，总印数442.92亿份。音像制品和电子出版物的发行量在1978年是3000多万张，而在2008年，全国共出版录音制品11721种，出版数量2.54亿盒（张）；出版录像制品11772种，出版数量1.79亿盒（张）；出版电子出版物9668种、15770.64万张。中

国出版业已经实现了文化产品从不足到"过剩"、媒介由单一到多样的历史性转变，基本满足了人民群众多方面、多层次的精神文化需求。

在实现社会效益的同时，中国出版业也为国家的经济发展作出了重要的贡献。据2004年中国新闻出版总署首次组织的全国出版行业增加值统计，2003年出版全行业实现增加值1939.7亿元，约占当年全国GDP的1.7%，占第三产业增加值的5%。到2008年，全国书报刊定价总金额达到1296.8亿元，出版物总销售额达1622.8亿元，印刷产业工业销售产值已经超过976.9亿元。另据中国出版科学研究所"小康社会出版业发展指标体系研究"课题组预测，2020年中国出版业的增加值将达到8000亿元左右，占GDP的1.9—2.0%。出版业已经成为中国国民经济的重要组成部分，在推动经济和社会发展方面发挥着越来越重要的作用。

六一儿童节前夕，孩子们在新华书店选购图书。

135

　　从微观上来看，中国各个出版社自身的实力也在不断增强，其中又以出版集团的发展最为突出。目前，中国国内共有25家出版集团，已经成为中国出版业发展的最重要的产业组织形式。2006年，出版集团出书品种占全国出版社出书品种的30%以上、总印数的40%以上、定价总金额的30%以上。出版集团占有超过全国图书出版总量的1/3以上，已经成为中国出版业发展的最重要的力量。在众多的出版集团中，又以中国出版集团的实力最为强大，从一定程度上能够代表中国当代出版集团的发展水平。

　　中国出版集团是适应出版业改革发展的需要，于2002年4月9日成立的国家级出版机构。集团以中国出版集团公司为母公司，由人民文学出版社、商务印书馆、中华书局、中国大百科全书出版社、中国美术出版总社、人民音乐出版社、生活·读书·新知

著名畅销书作者易中天在签名售书现场与小读者握手。易中天《品三国》（上、下）已累计销售数百万册。

2009年第16届北京国际图书博览会中国出版集团展区

三联书店、中国对外翻译出版公司、东方出版中心、现代教育出版社、新华书店总店、中国图书进出口总公司、中国图书商报社、荣宝斋等14家子公司，以及中新联公司、中版联公司、中版集团数字传媒公司等81家控股公司、参股公司、关联公司组成，是中国当前集各种介质出版物的出版和销售、连锁经营、进出口贸易、版权贸易、印刷复制、信息技术服务、科技开发、金融融资于一体的，经营多元化的大型企业集团。

中国出版集团现有员工9800人，总资产65亿元人民币，年销售收入39亿元人民币。每年出版图书、音像、电子、网络等出版物1万余种，出版期刊报纸47种，出版物在全国零售市场占有率为7%；每年从事书刊版权贸易1000多种。集团拥有中国最大的出版物进出口企业，每年进出口各类出版物20多万种，书报刊进口和出口分别占据全国市场份额的62%和30%；拥有海外出版社、连锁书店和办事机构27家，海外业务遍及130多个国家和地区。

出版技术日趋先进，数字出版发展迅猛

从出版史的角度来看，出版业的进步总是伴随着出版印刷技术的更新与变革。20世纪80年代以来，中国的出版印刷技术不断更新，出版技术与世界先进水平的差距越来越小。技术方面的变化给中国当代出版业带来了巨大的发展动力。

1981年7月，中国第一台计算机——汉字激光排版系统原理性样机华光Ⅰ型通过国家部级鉴定。汉字激光照排技术使得中国出版从"铅与火"走向了"光与电"，中国的出版业由此进入一个新的时代，其发明者王选先生也被誉为中国"当代的毕昇"。此后，汉字激光照排技术不断升级，彩色汉字激光照排系统也随之出现。由于技术和价格等多方面的优越性，中国大陆约99%的报社和95%以上的书刊印刷厂都采用了国产汉字激光照排系统。从1991年起，该系统逐渐被港、澳、台多家书报刊采用，包括香港《大

汉字激光照排发明人——王选（1937—2006）

中国出版社在2009年法兰克福国际书展上展出的数字阅读器

公报》、澳门《澳门日报》、台湾《中央日报》，等等。从1992年开始，中国产汉字激光照排系统相继远销至马来西亚、美国、加拿大、泰国、日本等国家。汉字激光照排技术的发明使中国出版业的排版制作周期大大缩短，人力、财力和物力资源的使用也大为节约，也为中国出版实现全过程的数字化、实现与世界出版的对接奠定了基础。

　　计算机网络和手机等新媒体技术兴起后，为中国数字出版的迅速发展提供了良好的产业环境。据统计，截至2009年9月末，中国大陆的互联网用户已达3.6亿，普及率达到27.1%；移动互联网用户已达1.92亿，宽带用户达9933万。互联网基础资源规模不断扩大，IP地址达到1.23亿个，为全球第二；CN域名注册量达500万，为全球第一。在市场规模方面，2008年互联网产业规模接近1500亿元，

带动相关IT、制造业、软件与数字内容业产值超过2000亿元。另据统计，2009年中国移动电话用户已经突破7亿户，新媒体的终端设备已经相当普及，绝大多数有阅读能力的人都已具备新媒体阅读的终端。以方正阿帕比、汉王电纸书、中文在线电子书等为代表的中国数字出版产品已经在国内拥有极为广泛的读者和市场。

经过几年的发展，中国数字出版的产业规模不断扩大，产业链日渐完善，出版形态更为丰富多样，电子图书、按需出版、手机出版、博客出版等数字出版形式已经在中国的出版市场中占据重要的地位。电子网络和数字化阅读已经成为人们重要的阅读方式之一。2002年，中国数字出版产业整体规模为15.9亿元，到2008年，数字出版业的整体收入达到530亿元。

据《2007中国电子图书发展趋势报告》显示，2007年中国电子图书出版总量已达66万种，市场上流通的电子书有30多万种，读者人数超过5900万，全年销售收入为16940万元，年销售收入达到500万的出版单位达到5家，超过400万的出版单位达到了10家。

目前，在数字出版高速发展的同时，传统产业也加速了转型步伐。截至2008年底，国内578家图书出版社已有90%开展了电子图书出版业务，出版电子图书50万种，收入达到3亿元。300家报社开展了数字报业务，电子期刊总量已经达到9000种，年产值达到7.6亿元。

出版体制企业化转变趋势加快，出版法律体系不断健全

适应市场经济发展和国际竞争的需要，近年来，中国的新闻出版体制开始发生改变，改革的进程不断加快和深化。出版社开始划

新华书店从1937年诞生以来，已成为中国著名文化品牌，拥有中国最大的图书销售网络。

分为公益性和经营性两类，后者逐步转化为企业，向符合现代文化企业发展规律的现代企业转变。2006年新闻出版总署出台的《关于深化出版发行体制改革工作实施方案》，明确提出鼓励出版集团公司和发行集团公司相互持股，进行跨地区、跨部门、跨行业并购、重组，鼓励非公有资本以多种形式进入政策许可的领域。同年10月，上海新华传媒股份有限公司"借壳上市"，成为中国首家出版发行企业上市公司。此后，四川新华文轩连锁股份有限公司在香港联合交易所主板挂牌上市。2007年12月21日，辽宁出版传媒股份有限公司登陆上海证券交易所，是国内首家编辑业务和经营业务整体上市的文化国企，成为中国出版传媒第一股。

截止2007年，中国23个出版集团已经或正在变成企业集团公司，并开始积极迈进资本市场，进行跨地区、跨部门、跨行业的并

位于北京西单繁华商业区的北
京图书大厦，是中国最大的图
书零售场所之一。

购、重组。100多家图书出版社开始转变为企业化经营的出版社。29个省、自治区、直辖市的新华书店系统已经进行了企业化的转变，有些已经开始实行股份制。出版物全国连锁经营企业已达29家，23个省级新华书店实现了省内或跨省连锁经营；全国建成10万平方米以上图书物流中心5个，年赢利水平千万元以上的10个；全国性民营连锁经营企业8家，民营发行网点达10万个，中外合资、合作或外商投资书报刊发行企业40多家；一批网络发行企业快速成长；出版传媒业上市公司9家，市值2000多亿，净融资达180多亿。所有这些，都预示着中国的出版业正在发生着深刻的改变。

2009年4月，新闻出版总署出台了《进一步推进新闻出版体制改革的指导意见》，提出了更加明确的新闻出版体制改革的路线图和时间表，即除明确为公益性的图书、音像制品和电子出版物出版单位外，所有地方和高等院校经营性图书、音像制品和电子出版物出版单位2009年底前完成转制，所有中央各部门各单位经营性图书、音像制品和电子出版物出版单位2010年底前完成转制。

随着中国出版市场化进程的逐步加快，中国新闻出版的法律体系也在不断健全。1990年中国正式颁布了《中华人民共和国著作权法》，并于1991年开始实施；同年，国务院通过了《计算机软件保护条例》。1992年中国正式加入伯尔尼公约和世界版权公约，标志着中国新时期的出版法律体系逐步健全，并与世界版权事业紧密接轨。此后，中国出版业的法制建设进程不断加快。2001年，为进一步适应和促进出版业的快速发展，全国人大常委会又对《著作权法》进行了及时的修订。当年，国务院通过并发布了《出版管理条例》、《音像制品管理条例》、《印刷业管理条例》。2008年，中国开始实施由新闻出版总署制订的《电子出

版物出版管理规定》、《音像制品制作管理规定》、《图书出版管理规定》、《出版专业技术人员职业资格管理规定》。2009年4月21日，新闻出版总署第1次署务会议通过了《新闻出版总署立法程序规定》，并从2009年6月1日起施行。截至目前，中国已经初步形成以法律为核心、以行政法规为基础、以部门规章为有效补充的出版法制体系，构建了司法与行政双重保护的执法体系，对于保障中国出版业的健康持续发展发挥着积极的作用。

出版人才群体不断壮大，专业教育科研事业成果斐然

高素质的人才是出版业得以迅速发展的根本保障。经过多年的发展，中国出版从业人员的结构和质量发生了积极变化，一批优秀的综合型人才脱颖而出。1978—1997年，从业人员数量年增长率达11%；1998—2008年，人才数量年增长率为16%。

与此同时，出版教育与科研也得到迅速发展，对出版业的发展繁荣提供了理论指导和人才支持。出版高等教育方面，20世纪80年代以来，逐步形成一个多门类、多层次、多渠道的完备的出版专业教育体系。至2008年，全国开设全日制本科编辑出版学专业的学校达70多家，40多所高校在招收和培养出版学类硕士研究生，近10所高校招收出版学博士研究生。出版科研方面，从1977年到1980年，各省、市、自治区出现了一个建立印刷技术研究机构的高潮，14个印刷技术研究所应运而生。1985年，经国务院批准成立中国出版发行研究所（1989年改名为中国出版科学研究所）。此后，各种类型的出版研究机构相继建立，逐步形成了一个覆盖全国的出版、印刷、期刊、报纸、传媒、版权研究网络。

国际出版学研讨会、中国编辑学会年会等国内外出版学术交流活动日益活跃，每年都有大批的科研成果问世。截至2008年，共出版专著教材425部、专业期刊38种。此外，中国新闻出版网、中国出版网、出版学术网等专业学术网站成为新的学术交流平台。

两岸四地出版共同繁荣发展，形成华文出版多元一体格局

进入21世纪以来，在中国大陆出版业迅速发展的同时，中国台湾、香港、澳门地区的出版业也取得了长足的发展，两岸四地的出版业在共同繁荣发展的基础上，形成了中国华文出版多元一体的良好格局，共同为传播和传承中华文明发挥着积极的作用，在当代世界出版格局中占据着十分重要的地位。

在2009年法兰克福世界华文出版论坛上，中国新闻出版总署

2009年法兰克福书展澳门展区

2009年法兰克福书展台湾展区

副署长邬书林在题为《弘扬传统，发挥优势，共创华文出版的美好未来》的主题演讲中指出，华文出版具有优良的文化传统，即经世致用、鉴古察今的出版理念，秉笔直书、忠于史实的出版精神，盛世修典、博大精深的出版内容，甘作嫁衣、精益求精的编辑修养，官民相济、相得益彰的出版机构，不断更新、与时俱进的印制技术，交流交融、海纳百川的文化胸怀；华文出版具有良好的发展条件，源远流长的中华文化为华文出版业的发展提供了丰厚资源，当代中国综合国力的提升为华文出版业的发展提供了坚实基础，内地以及台湾、香港地区华文出版已形成的规模和积累的经验为华文出版的发展提供了可靠的力量，广阔的海内外需求为华文出版业的发展提供了巨大市场。可以预见，在不久的将来，两岸四地的华文出版将会有更大的发展，在当代世界出版业中发挥越来越重要的作用。

书籍之路

中国出版走向世界

　　中华文明的成长与发展，是在与不同文明之间进行广泛交流的历史背景下进行的。中国古人曾以极大的热情，广泛吸收、学习其他文明的长处。同时，中华文明又通过各种途径和方式传向世界各地，促成了儒家文明圈的形成。在这一双向交流的过程中，书业的交流与传播是一个非常重要的途径和手段。在长期的中外交流活动中，不仅形成了举世闻名的"丝绸之路"，还形成了影响深远的"书籍之路"。通过书籍之路，中国向世界传播了造纸术与印刷术，传播了古代的科技与文化，对人类文明的发展作出了杰出的贡献。与此同时，世界各国的科学文化也以书籍为载体输入中国，对中国的社会文化产生了很大的影响。中国影响着世界，世界影响着中国，几千年来的中国书业就是在这种互动中变化发展的。

造纸术的外传

　　当中国已经使用了纸的时候，世界上其他国家和民族都还在使用着古老、原始的书写材料。印度人长期使用棕榈叶抄写佛经，埃及人、欧洲人则分别用纸草、羊皮和蜡版等作为记录文字的工具。作为文字载体，纸具有无可比拟的优越性。中国造纸术发明以后，不仅在国内得到推广，而且很快就传播到世界各地，并迅速取代了当地使用的其他文字载体，促进了当地出版和文化事业的大发展。

　　中国造纸术的外传，首先是把纸和纸制品（书、信件和绘画等）传入其他国家，第二步才是造纸技术的外传。中国地处亚洲东部，因此纸和造纸术首先传播到邻近的朝鲜、日本、东南亚

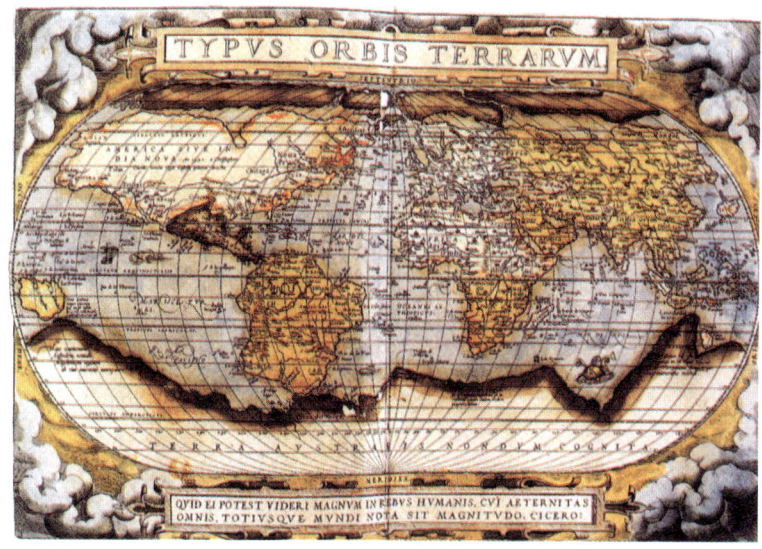

舆图汇编（*Theatrvm Orbis Terrarvm*），又译为"世界概观"，比利时地图学家奥特利乌斯（Ortelius Abraham）编绘，1570年出版于比利时，是最早传入中国的由欧洲人绘制的世界地图。

以及南亚地区。造纸术首先在3世纪左右传入越南。朝鲜在2世纪得到中国的写本书籍，经过朝鲜，中国书籍流传到日本。造纸术也于3世纪传入朝鲜。610年，朝鲜僧人昙证将造纸术传入日本。7—8世纪，造纸术传入印度。唐代僧人义净往印度访经（671—694），在梵文里已有"纸"字。这些国家在学习和掌握造纸术后，又常常将该国生产的纸张输出到中国，因而促进了中国与亚洲各邻国之间的经济文化交流。

造纸术向西方传播是经由海上和陆上两条"丝绸之路"进行的。2世纪前后，纸张已经由中国内地传入西域黑城、敦煌、吐鲁番、楼兰等地。5世纪时，中亚一带也使用了纸。8世纪，造纸术开始传入西方。751年，唐朝与大食国（阿拉伯帝国的阿拔斯王朝）在怛罗斯（Talas，今哈萨克斯坦塔拉兹附近）发生战争，唐朝将领高仙芝（？—756）带领的军队被打败，数千中国士兵被

俘，其中有些就是造纸工匠，他们把造纸术传给了撒马尔罕（今乌兹别克斯坦境内）的阿拉伯人。撒马尔罕生长大麻和亚麻，原料丰富，便于当年建设了第一所造纸厂。于是，纸便成为阿拉伯人向西方出口的重要物品。此事在阿拉伯人所写历史书中有详细记载，阿拉伯著名学者塔利比（Thaalibi，961—1038）说："在撒马尔罕的特产中，应提到的是纸，由于它更美观、更合宜、更价廉，因而代替了过去书写用的埃及纸草和羊皮纸。这种纸仅在这里和中国才有。《道里邦国志》（Journey and Kingdom）的作者告诉我们，纸是被俘的中国人带到撒马尔罕的。这些战俘为沙利（Salibi，大食将军）之子齐亚德·伊本·沙利（Ziyad）所有，在其中找到了造纸工。造纸发展后，不仅能供应本地的需要，也成为撒马尔罕人的一中重要贸易品，因此满足了世界各国的需要，并造福于人类。"

此后，阿拉伯人从8世纪至12世纪之间，先后在巴格达、大马士革、埃及、摩洛哥相继建立造纸厂。1150年，阿拉伯人渡海到达西班牙，在西班牙南部的萨地瓦（Xativa）开设了欧洲大陆上第一家造纸厂，此时距蔡伦改进造纸术已有1000多年了。

中世纪欧洲羊皮纸作坊里的情形

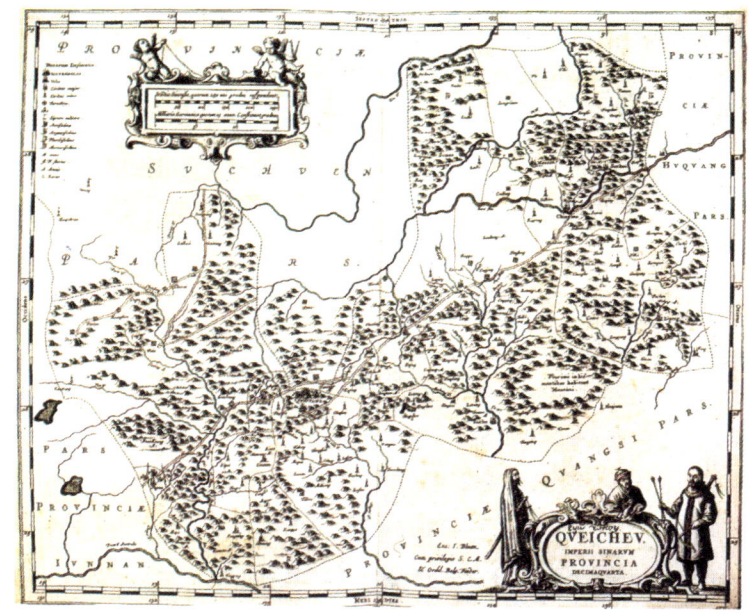

中国新地图集（*Novus Atlas Sinensis*），意大利传教士卫匡国（Martin Martini）编绘，1655
年出版于荷兰，是西方出版最早的中国地图集。

当时在西班牙掌握造纸技术的也只有阿拉伯人。8—12世纪，阿拉
伯人在西方垄断造纸技术达400年之久。直到1189年在法国建立了
造纸作坊，才是基督教国家建立自己的造纸厂的开始。此后，从
13世纪到16世纪这段时间里，意大利、德国、荷兰、英国、俄国
等国家都陆续建立了造纸厂。1575年，墨西哥建立了美洲大陆上
第一家造纸厂；1690年，美国费城出现了北美大陆的第一家造纸
厂。而直到19世纪，在澳洲的墨尔本才有了造纸厂。经过1000多
年，中国发明的造纸术终于传遍全世界。

造纸术传入欧洲以后，欧洲人便尝试着改良造纸技术，但
直至17世纪，欧洲的造纸技术还只能达到中国宋代的水平。为了
解决欧洲纸张质量低劣的问题，法国财政大臣杜尔阁（Turgot，

《永乐北藏》，明正统五年（1440年）内府刻本，经折装，字体端楷，刻印精良，开本舒展。

1727—1781）曾希望利用驻北京的耶稣会教士刺探中国的造纸技术。乾隆年间，供职于清廷的法国画师、耶稣会教士蒋友仁（Benoist Michael，1715—1774）将中国的造纸技术画成图寄回了巴黎，中国先进的造纸技术才在欧洲广泛传播开来。1797年，法国人尼古拉斯·路易斯·罗伯特成功地发明了用机器造纸的方法。至此，从公元前2世纪开始，中国人持续领先近2000年的造纸术才被欧洲人超越。

印刷术的外传

中国是印刷术的故乡，这项伟大的发明出现以后，迅速向周边邻国传播。此后，又通过多种方式和路径，传到西亚、北非和欧洲，进而传向世界各国。对促进人类文化交流和文明的共同繁荣，发挥了十分积极的作用。世界绝大多数国家的印刷术都是从中国直接或间接地传播过去的，有的则是在中国印刷术的影响和启发下产生和发展起来的。

印刷术发明以后，首先在亚洲传播开来。而佛经，特别是

《大藏经》是主要的传播媒介。朝鲜、日本、越南等国与中国有悠久的传统友谊。受中华文化的影响，过去这些国家都通行汉文，且信仰佛教，因此印本《大藏经》成为赠送各国最珍贵的礼品。后来他们感到单靠从中国输入不能满足需要，于是也仿制纸墨，翻版印刷。印刷术借此传播开来。受中国印刷术的影响，朝鲜、日本及东南亚国家的印本书籍都保留着明显的中国风格。直到近代印刷出版业兴起后，这一情况才逐渐发生改变。

朝鲜

朝鲜是最早接受中国印刷术的国家之一。7世纪时，朝鲜经常派留学生来中国学习，回国时往往带走大批书籍。书籍在当时被作为礼物或商品输入朝鲜，主要为佛教典籍。中国印刷术发明之后，就通过佛教传入朝鲜半岛。由于缺乏记载，人们还难以断定朝鲜出现印刷术的年代。从现存记载看，比较可信的说法是11世纪。993年，北宋王朝应高丽王朝之请，将佛经《开宝藏》赠送给高丽。中国刻字工匠有可能在此时进入朝鲜半岛。后来，高丽

德国谷登堡博物馆展出的韩国古代铜活字版

153

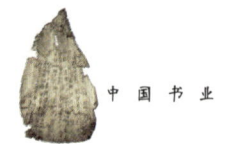
又派人专门到中国学习雕版印刷术，为朝鲜培养了第一批印刷工匠。1011—1082年，高丽翻刻成《大藏经》，是为高丽大藏经的初次刊刻。毕昇发明活字印刷术后，朝鲜人通过《梦溪笔谈》的记载，掌握了中国的活字印刷术，在学习、吸收的基础上又有所创新和发展，先后用泥活字、木活字、铜活字、铅活字、铁活字印刷书籍。其中最有成就的是铜活字，为印刷术的推广应用作出了可贵的贡献。

日本

日本与中国很早就有交往。645年，日本发生"大化革新"，掀起学习中国的热潮，多次派遣使者、僧人和留学生到中国，全方位学习中国的儒家文化和先进技术。他们回国后带去了很多物品，其中就有大量印本书籍。雕版印刷术就在这一过程中传入日本。相传日本宝镜元年（770年）曾印《陀罗尼经咒》100万卷，置于10大寺院内，至今仍有保存。但是这批印本未载刻印年代，

日本圆光寺版木活字

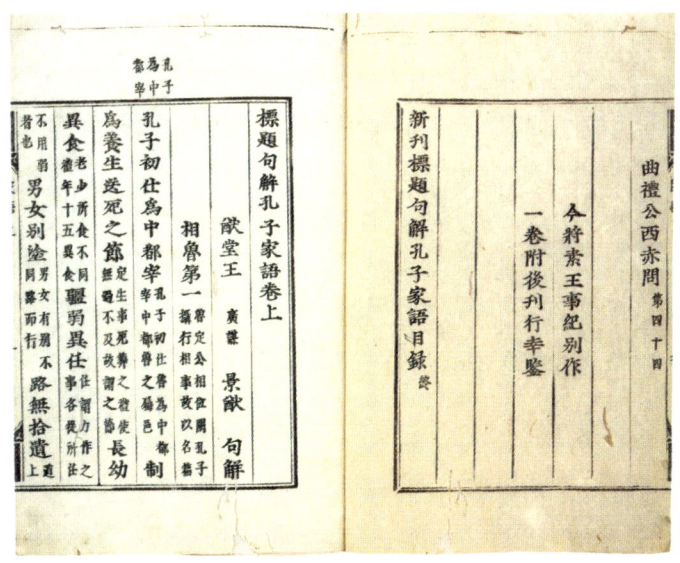

日本活字版印书《孔子家语》，风格与中国图书十分相似。

一些日本学者认为此次刊刻活动是依据从中国传来的印刷技术实现的。日本有确实年代可考的雕版印刷品是宽治二年（1088年）刻印的《成唯识论》，这是中国宋版书传入日本后的产物。日本也曾用木活字和铜活字印书。日本古代所刻图书，中文书籍占了相当大的比例，风格与中国图书十分相似。

越南及东南亚

中国书籍很早就传入越南，宋代中国雕印的《大藏经》、《道藏》都曾赠送给越南。越南早期的印刷品也多与佛教相关。越南历史上记录最早的印刷品是1251—1268年木版印刷的户口帖子。1295年，越南从中国再次得到印本《大藏经》，并翻版刊行。15世纪30年代，越南政府开始刊行出版儒家书籍。17世纪，中国的彩色套印术传入越南，在越南的湖村、河内等地建起了专

北宋《崇宁万寿大藏》，刊刻于宋代元丰三年至崇宁二年（1080—1103）。这是中国也是世界上第一部私人刻印的大藏经。

门刻印年画的作坊，其所印年画的题材、内容，以及所采用的工艺技术，主要来自中国。18世纪初，越南开始用木活字印书。

14世纪，中国东南沿海一带的华人纷纷到南亚一带经商或谋生定居。他们带去了大量的纸张、笔墨和书籍，其中有一些中国工匠也开始在东南亚一带经营印刷业，把中国的印刷术带到了东南亚，引起了当地人对印刷术的兴趣，带动他们从事印刷出版业。

伊朗

中国宋元时期印行的纸币、纸牌和宗教印刷品在13世纪传入西亚地区。其中对伊朗影响很大。伊朗在中国历史上被称为安息、波斯，很早就通过丝绸之路和中国进行经济文化上的交流。波斯人比较熟悉中国的印刷术，并于1294年效法中国大量印

中国古代印刷版纸牌

发纸币，上面印有汉字和阿拉伯文。1310年，波斯的历史学家拉希德丁（Rashideddin）在《世界史》（*Great Universal History*）一书中，对中国雕版印刷术进行了详细的描述，证明波斯人是从中国知道印刷的。波斯是当时东西方的交通枢纽，欧洲商人在波斯的很多，欧洲人来中国也取道波斯，并通过波斯而认识到印刷术的意义、作用和工艺。

欧洲

随着蒙古大军的西进，中国与中亚、西亚以至欧洲之间的交通大开，交往更为频繁。来往中欧贸易的商人总要在中国买些纸牌作为旅途消遣之用，另一些带回国内馈赠亲友。同时，十字军东征时，也从东方带回了许多欧洲没有的事物，其中的印刷品就有纸牌、版画、图像等等。许多史学家都指出：十字军把东方的雕刻印刷品带回了欧洲。印刷的纸牌、纸币和宗教画因而成为印刷术经西亚传入欧洲的先导。法国汉学家莱麦撒（Abel Remusat）说欧洲最初的纸牌形状、图式、大小均与中国人所用的相同，并推测是通过蒙古人输入欧洲的。在15世纪或在此之前，欧洲的纸牌多半是手工绘制的。纸牌虽小，却综合了手绘、木版印刷等各种方法，成了欧洲人学习、掌握雕版印刷术最直接的途径。有意思的是，由于外国纸牌被大量倾销到意大利各地，威尼斯政府不得不在1441年颁布一条法令，禁止威尼斯以外地区的印刷品输入

欧洲现存最古老的木版画：德国圣克里斯托夫及耶稣像

本城。14—15世纪之交雕版印刷术从中国传入欧洲，在中外学术界已经取得共识。

　　欧洲人掌握雕版印刷术后，很快就感到使用这种技术在刻版过程中操刀费力，似乎不大适合欧洲的文字特点，所以雕版印刷多被用于刻印版画。14世纪末，欧洲开始有木版印刷圣像、纸牌的雕版印刷品，现存最早的有年代可考的欧洲木板宗教画，是印刷于1423年的圣克里斯托夫（St.Christoph）及耶稣像。这是德国南部的产品，画面刻着圣克里斯托夫背着手捧十字架的年幼的耶

欧洲早期木雕版画《默示录》（约1425年）

稣渡水的景象，图的左下角有从中国传去的水车。图下有两行文字，意为："无论何时见圣像，均可免遭死亡灾。"欧洲人印刷雕版书籍是在15世纪40年代，在印刷方法上也是在木板上雕刻阳文的文字或图画，上面蘸墨，然后铺上纸张，用刷子轻轻一刷而成印页。印页均为单面，一张上印两页，然后对折。印刷工艺、原材料和中国雕版印刷完全一致。这都证明，欧洲的雕版印刷术是在东方的影响下产生的，在技术的特征上是与中国相同的。

对于欧洲人来说，有了雕版印刷的实际经验之后，再发展活字印刷，并不存在太大困难，而活字又特别适合拉丁文种拼音文字系统。在地处欧亚大通道要冲而且与中亚衔接的中国新疆地区，维吾尔族已于12世纪末在吐鲁番地区研制出适合于拼音文字的回鹘文木活字，为汉文活字过渡到拼音文活字提供了借鉴。14世纪，东西交通畅达，欧洲来华的旅行者、商人和传教士将有关活字印刷的信息带回欧洲。欧洲最早出现的就是木活字。瑞士学者特奥多尔·布赫曼（Theodor Buchmann，1500—1564）于1584年发表的书中，谈到了欧洲人制作木活字的情况："（在欧洲）最初人们将文字刻在全页大的版本上。但用这种方法相当费工，而且制作费用较高，于是人们便做出木制活字，将其逐个拼连起来制版。"而木活字正是从木雕版通向金属活字的重要桥梁。

在这样的大背景下，德国人谷登堡开始了深入的探索。他在木活字的启示下，于1450年前后，用铅、锡、锑的合金初步制成了欧洲拼音文字的活字，用来印刷书籍，解决了长期困扰欧洲人的字形问题。他还制成了木质的、靠螺旋在印版上压力的印刷机，代替了纯粹的手工操作，大大提高了印刷的质量和效率。谷登堡的发明是在中国印刷术发明基础上的一次再发明。谷登堡发明的印刷术随后迅速散播到欧洲各地，改变了原来只有贵族和僧侣才能读书和接受高等教育的状况，为欧洲科学的突飞猛进以及文艺复兴运动的出现提供了重要的物质条件。马克思认为印刷术、火药和指南针的发明"是资产阶级发展的必要前提"，其意义对于欧洲乃至全世界都是极为巨大和深远的！

古代中外书籍交流

在古代中国与外国的书籍交流中，既有输入，也有输出。1840年以前的中国，本国书籍的输出多于外国书籍输入，在世界出版史上曾长期处于领先地位，尤其对儒家文明圈国家和地区的出版业影响甚巨。1840年以后，情况恰好相反，外国的书籍的输入逐渐多于本国书籍的输出，中国书业在世界上的影响力逐渐下降。在西方的影响下，中国书业在19世纪末20世纪初完成了从古到今的变革，迎来了又一个辉煌的发展时期。

在亚洲，中国是出版文化最先发达并且影响最大的国家。从公元前3世纪开始，中国就与当时的朝鲜、日本、越南、印度以及中亚诸国有了经济文化上的交流。图书事业的交流也随之展开。在很长的历史时期里，中国的图书典籍随着汉文化的广泛传播大

1975年出土于西安的唐代汉文佛经《陀罗尼经》印本，为中国早期印刷品之一。

梵夹装的蒙文佛经

量输出，流布周边国家和地区。这一点从上文的分析中可以看出。下面主要谈历史上外国书籍输入中国的情况。

在输入古代中国的外国书籍中，佛教典籍数量最多，影响最大。两汉之际（1—2世纪），印度的佛教通过丝绸之路开始传入中国，佛教典籍也被输入中国。从此，中国便开始了大规模的译经活动，中外出版事业的交流活动蓬勃地发展起来。佛经因此而成为中国图书中一大门类。从3世纪到10世纪，中国的佛经翻译事业延续不断，汉译佛教典籍大量增加。971年，中国开始刊刻第一部佛教汉文大藏经，共收入佛教典籍1076部，5048卷。此后，历代均有刊刻，成为古代出版活动中的一项重要内容。截至1738年《龙藏》（1662部，7168卷）刻成，古代中国共刻印了17部卷帙浩繁的汉文大藏经。佛教的输入对中国古代出版的影响十分重大：一是促进了中国翻译事业的发展，二是在印刷术的发明中发挥了重大作用，三是梵夹装的装帧形式启发了中国人将图书从卷轴制转变为册页制，四是佛教通过中国传入朝鲜、日本等国，在中国的影响下，朝鲜、日本等国也大量刻印佛教典籍，直接促进了文化出版事业的发展与交流。

　　在中国历史上，西方典籍进入中国的时间相对较晚。而大规模地翻译西方典籍则开始于16世纪末。当时，一批欧洲天主教耶稣会传教士来华传教，为了传教的需要，他们开始从事翻译工作。从明万历十年（1582年）到清乾隆二十二年（1757年）的近

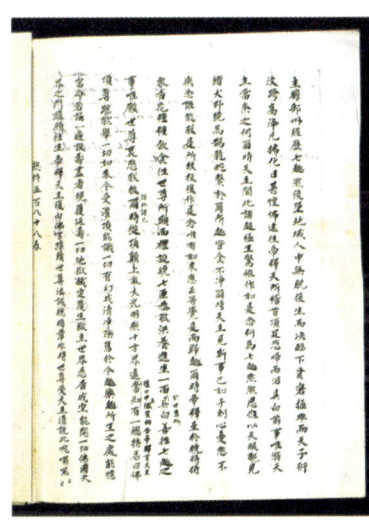

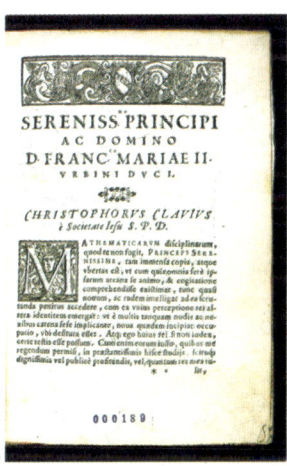

《浑盖通宪图说》（*Christophori Clavii Bambergensis e societate Iesv*），意大利利玛窦著，1593年拉丁文活版印本，现藏中国国家图书馆。

两个世纪时间里，耶稣会传教士来华者近500人，其中参与译书的不下七八十人，共译书400多种。这些书半数为宗教类著述，其余是自然科学和人文科学著作。意大利神父罗明坚（Michele Ruggleri，1543—1607）的《圣教实录》于1584年在广州刊行，是西方人的中文著述第一次在中国出版。中国学者徐光启（1562—1633）从1605年开始，与意大利传教士利玛窦（Matteo Ricci，1552—1610）等人合作，翻译的科学著作不下10种。利玛窦等传教士的主观意图是通过译书来传播宗教。译书是手段，传教是目的。然而，他们的目的并没有真正达到，客观效果却是为中国传来了一些"有用之学"。如利玛窦与徐光启合译的《几何原

比利时南怀仁绘新制仪象图，清康熙十三年（1674年）内府刻本。

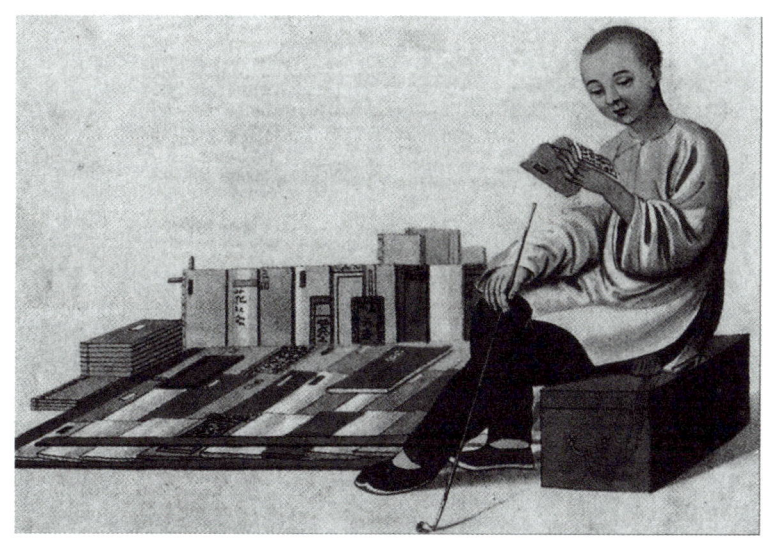

西方人笔下的清代书商

本》，是中国最早的自然科学中译本之一。汤若望（J. A. Schall von Bell，1592—1666）所撰《远镜说》，是第一部传入中国的西方光学书。利玛窦撰《万国舆图》、南怀仁（Ferdinand Verbiest，1623—1688）撰《坤舆图说》等书，开阔了中国人的眼界，对于中国人正确认识世界有所帮助。邓玉函（Johann Schreck，1576—1630）等译《泰西人身概论》、《人体图说》等书是西欧传入中国较早的生理解剖学著作。

由于传教士的思想体系受中世纪经院神学的束缚，传来的并不是当时欧洲最先进的思想和科学。但是，这批译书给中国带来了很多新鲜的知识。可惜的是，1723年，雍正皇帝下令把西方传教士逐出中国，从此禁闭了西方各种科学技术知识传入中国的大门，译书活动也因此而中断了很长时间。

广泛深入的近代中外出版交流

19世纪初，随着资本主义对中国的扩张，西方传教士再次来华，他们不仅带来了先进的印刷设备直接从事出版活动，而且通过翻译书籍进行宗教宣传和对资本主义社会的介绍。这一时期，中国传统的出版业已经走向衰微，在西方出版业面前相形见绌。晚清时期传教士的再次来华，揭开了中国西书译述和中外书业交流的新时代。19世纪40年代以后，中外出版交流开始呈现出新的面貌和特征，主要表现在：

（一）译书的大量出现。西方思想文化开始以图书（主要是译书）为载体，大量涌入中国，对中国的社会文化造成了极为深刻的影响。教会、政府和民营出版机构的重要出版物之一就是新式翻译图书。译书开始成为中国出版界最重要的出版物类型之一，不仅数量巨大，内容广泛，而且影响深刻。据统计，1528—1757年的两个多世纪里，耶稣会传教士所翻译的图书有400多种；1850—1899年间，中国出版界共译书537种；而1902—1904年的两年间，翻译图书就达533种，基本与前半个世纪的译书量持平。

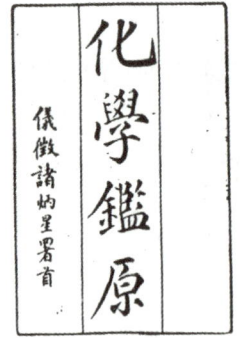
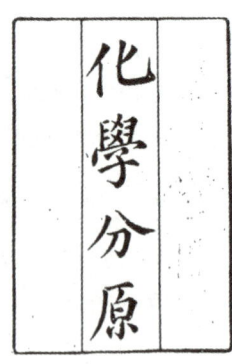
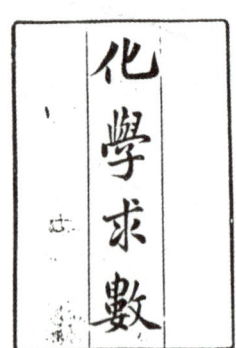

19世纪末期中国出版发行的化学系列译著

英国人傅兰雅（John Fryer, 1839—1928）的画像及照片。他是在中国江南制造总局翻译馆工作时间最长、译著数量最多的外国人。

另据中国学者熊月之的统计，从1811年马礼逊在中国出版第一本中译西书到1911年清朝统治结束，100年间，中国共翻译出版西学书籍2291种。由此而引发了持久的"西学东渐"浪潮，这一浪潮围绕着"了解世界"、"求富求强"、"救亡图存"、"民主革命"、"科学启蒙"等主题展开，对中国社会的变革发生了深刻的影响。

（二）外国人在中国出版业中的广泛参与。他们或者直接在中国开办书局或书馆，或者参与到中国人创办的出版机构中，从事编辑出版工作。前者如马礼逊、米怜（William Milne, 1785—1822）、美查等，后者如傅兰雅、林乐知（Young John Allen, 1836—1907）、伟烈亚力（Alexander Wylie, 1815—1887）等，均为中国近代出版业的发展与变革作出了很大的贡献。据粗略统计，基督教新教在近代中国创建的印刷出版机构近60家，天主教

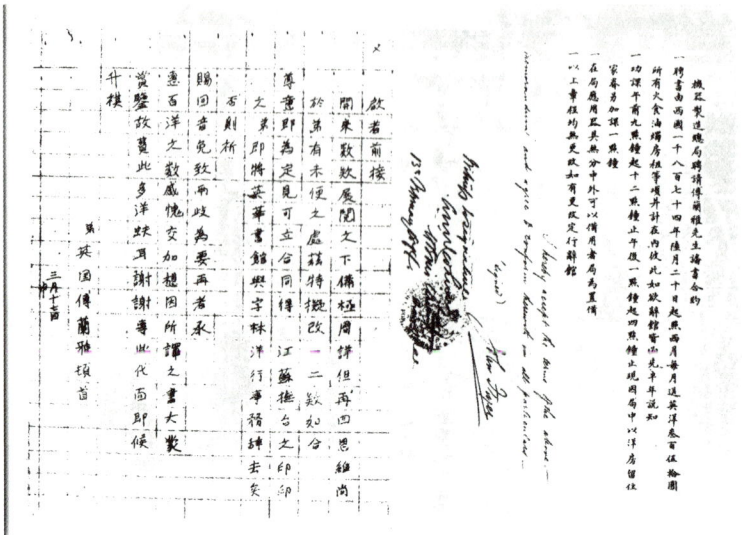

傅兰雅手记及其与江南制造局签订的合约

教会创办的出版机构也有20余家。在中国人创办的出版机构中也有大量的外国职员，如京师同文馆、江南制造总局翻译馆、广方言馆、商务印书馆等。

（三）部分出版机构开始采用中外合资的经营方式。如商务印书馆在1903年10月开始与日本商家合资，由双方各投资10万元，各持50%的股份。商务印书馆也因此而成为中国出版史上的第一个中外合资出版企业。这对商务印书馆后来的发展起到了极为重要的作用。

（四）中国的图书典籍大量输出。广泛传入英、法、德、俄、日、美、瑞典、荷兰等国，主要典籍也被翻译为外文，在国外流传。在"西学东渐"的浪潮席卷中国大地的同时，也出现了"东学西渐"的发展趋势。

这一时期中外文化以图书为载体，开始以前所未有的广度和深度进行着交流。中国出版业在走向现代化的同时，也开始呈现出前所未有的国际化特征来。

当代版权贸易及出版业的国际交流

1949年中华人民共和国成立以来，经过60年尤其是改革开放30年的迅速发展，中国出版业的国际交流日渐频繁，版权贸易迅速发展，对外开放的力度不断加强，国际化水平稳步提升。1992年，中国加入《伯尔尼公约》和《世界版权公约》。2003年，中国兑现了加入WTO时的承诺，开放了印刷业和出版物分销服务市场；2006年，中国出版业的的分销领域已经对外资全面开放。截止到2007年12月，经新闻出版总署批转的外资分销企业共62家。其中独资企业24家，合资企业38家。

北京国际图书博览会（BIBF）创始于1086年，至今已举办16届，成为继法兰克福书展、美国书展、英国书展后，国际公认的第四大国际图书出版交流盛事。图为2007年北京国际图书博览会盛况。

版权贸易是改革开放之后逐步建立和完善社会主义市场经济、建设社会主义法治国家的产物。改革开放30年来，中国图书版权贸易经历了贸易规模从小到大，参与的出版单位等贸易主体从少到多、由弱变强的发展历程，并逐渐实现了由以引进图书为主转向主动输出图书的转变。随着改革开放的不断深入、版权法律制度的逐渐完善，中国的版权贸易环境和版权贸易政策将越来越有利于产业发展。

从数量方面看，10多年来中国的版权贸易整体上呈逐步增长趋势。据统计，2007年中国共引进出版物版权11101种，其中图书10255种，录音制品270种，录像制品106种，电子出版物130种，软件337种，电影1种，其他1种；共输出出版物版权2593种，其中图书2571种，录像制品19种，电子出版物1种。图书报刊、音像制品、电子出版物出口贸易额分别较加入WTO之前的2001年增长了140%、73%与112%。2007年，中国大陆版权引进与输出的比例为3.99：1。另据统计，2008年全国共引进出版物版权16969种，输出出版物版权2455种。其中，引进图书版权15776种，输出图书版权2440种。版权引进和输出的比例为6.47：1。虽然处于贸易逆差状态，但是同以往相比已经有了极大的改观。2008年全国图书版权引进地十强（按照品种数量从高到低）为：中国台湾地区、美国、英国、日本、韩国、德国、法国、新加坡、加拿大和俄罗斯。图书版权输出地十强（按照品种数量从高到低）为：中国台湾地区、韩国、新加坡、美国、俄罗斯、德国、法国、日本、英国和加拿大。说明版权贸易的国家和地区非常广泛。

总体而言，自1995年以来，中国图书版权引进与输出的比例时有起伏。2004年以前（1998年和2002年除外），全国图书版权贸易逆差长期徘徊在10∶1以上，最高时达15∶1。自2004年起，版权贸易逆差呈逐年缩小趋势，到2007年缩小至历史最低值3.99∶1。这可从下图中看出：

2001—2008年中国图书版权引进和输出项目总量

年代	引进图书版权(项)	输出图书版权(项)	贸易逆差(项)	引进/输出
2001	8250	653	7597	12.63∶1
2002	10235	1317	8918	7.77∶1
2003	12516	811	11705	15.43∶1
2004	10040	1314	8726	7.64∶1
2005	9382	1434	7948	6.54∶1
2006	10950	2050	8900	5.34∶1
2007	10255	2571	7684	3.99∶1
2008	15776	2440	13336	6.47∶1

目前中国在积极引进国外先进出版技术和版权的同时，还在继续加大中国图书对外推广的力度。近年来在"让中国走向世界，让世界了解中国"方针的指引下，中国政府开始实施"走出去"战略，由国务院新闻办公室和新闻出版总署推出的"中国图书对外推广计划"和"中国文化著作翻译出版工程"，主要采取资助翻译费的方式，鼓励各国出版机构翻译出版中国的图书，让世界人民能够以自己熟悉的文字，通过阅读图书更多地了解中国。目前，海外累计有20多个国家、50多家出版机构申请了翻译资助项目。此外，中国国际出版集团和五洲传播出版社在对外出版方面也取得了一定的成就，近年对外出版物在国际市场上的销量持续上升。

近几年，中国出版业每年参与40多个国家或地区的书展、书市，宣传、展示和推介中国图书产品，不断扩大中国出版和文化

2009年法兰克福国际书展的中国展区

的国际影响。国际书展中中国主宾国活动已成为中国出版界开展版权贸易和宣传中国文化的重要平台。自2003年中国出版代表团以主宾国身份参加巴黎图书沙龙以来，又分别在2007年和2008年以主宾国身份参加了莫斯科书展和首尔书展。在2009年法兰克福国际书展上，中国首次以主宾国的身份参展。在这个被誉为"出版业奥林匹克"的盛会上，中国以出版业为平台向世界展示了5000年中华文明的灿烂辉煌，述说了当代中国日新月异的发展变迁。本次法兰克福书展中国主宾国活动是1949年以来中国出版界在国外举办的规模最大、规格最高、影响最广的一次对外文化交流活动。参展的中国内地出版机构有272家，来自台湾地区的有26家，来自香港的有15家，总人数超过2000人，展品计7600余种。中方在本届书展上共输出版权2417项。另据德国官方统计，本次以中国为主宾国的书展共吸引了29万人次的参观者，有力地推动了中国书业走向世界的进程。

在众多的国际书展中，北京国际图书博览会（Beijing International Book Fair）在促进中外出版贸易和交流方面也越来越发挥着积极作用。北京国际图书博览会自1986年创办以来，已经成功举办过16次。目前每年举办一届。博览会始终以"把世界优秀图书引进中国，让中国图书走向世界，以促进国际科技文化交流，增强各国人民的相互了解和友谊，扩大中外合作出版和版权贸易，发展图书进出口贸易"为宗旨，已成为世界最具影响力的四大国际书展之一，是中国出版人与世界各国出版人扩大交流、加强合作的盛会，被越来越多的国际出版人誉为"世界出版业的一面镜子"、"中国出版业的一张重要名片"。

2009年9月3—7日，为期5天的第16届北京国际图书博览会成功举办。本届图博会展览面积43000平方米，展台2146个，来自56个国家和地区的1762家中外出版单位前来参展，展览展示的中外出版物达16万余种。丰富多彩的中外出版交流和文化活动，成为图博会的重要特色。五天的图博会共举办场内外活动1000余场，约20万人次到场参观。其中，西班牙主宾国成为本届图博会当之无愧的亮点之一。1000平方米的西班牙展台上，30家西班牙的出版单位和15位西班牙作家，共举办了近70场中西文化交流活动，与中国出版人和广大读者一起分享"梦想西班牙、思考西班牙、解读西班牙"的参展主题。据悉，本次图博会共达成中外版权贸易意向与协议12656项，比去年增长10.52%。其中，达成版权意向11264项，达成版权合同1392项。

今后，中国政府还将继续加大政策支持的力度和广度，积极扩大对外交流，鼓励中外出版企业扩大合作的范围、合作的领域和形式，鼓励创造出更多的优秀文化产品。同时，中国政府将进一步加大打击盗版力度，建立低成本、快捷交易的版权服务体系，为中外合作出版创造良好的发展环境。可以预见，随着中国综合国力的提升以及对世界贡献的不断扩大，中国出版的国际化水平将不断提高，在当代世界的出版格局中占据重要的地位。

附录一：中国出版历史大事记简表

公元前26世纪：汉字出现。

公元前21世纪—前16世纪：原始图书典籍出现。

公元前1600—前1046年：原始编辑活动出现。

公元前1046—前771年：政府设立专门的图书典藏机构，图书典籍出现。

公元前770—前256年：私人著述活动兴起，孔子整理古代图书典籍。

公元前213—前212年：秦始皇"焚书坑儒"。

公元前2世纪：植物纤维纸发明并被用于书写、绘图；开始出现早期的书店。

公元前101年：司马迁撰成中国第一部纪传体史书《史记》。

公元前26—前5年：第一次大规模整理国家藏书，并撰写国家藏书目录。

公元1世纪：佛教和佛教典籍传入中国，佛经翻译活动随之展开。

公元105年：蔡伦改进造纸术，并开始在全国推广。

公元175—183年：刊刻"熹平石经"，此为印刷术发明前的一次大规模出版活动。

公元7世纪：发明雕版印刷术，开始雕印佛经、历书等；书坊刻书和私人刻书兴起。

公元932—953年：政府首次刊印儒家九经，政府刻书兴起。

公元971—983年：政府首次刊刻汉文大藏经。

公元11世纪前后：套版印刷术发明。

公元1041—1048年：毕昇发明活字印刷术。

公元1408年：《永乐大典》编成。

公元1561年：范钦建成天一阁，此为中国现存最早的私人藏书楼。

公元16世纪末：西方传教士进入中国参与译书、著书活动。

公元1726年：《古今图书集成》编撰完成。

公元1782年：《四库全书》编成。

公元19世纪初：外国传教士开始在中国从事出版活动。

公元1840年：鸦片战争爆发，此后国门大开，西学东渐，西方现代出版文明传入中国，中国出版业开始变革与转型。

公元1897年：商务印书馆成立，中国现代民营出版开始兴起。

公元1912年：中华书局成立，中国现代出版事业开始走向繁荣。

公元1949年10月1日，中华人民共和国成立，中国出版业进入新的发展时期。

公元1978年，《中国大百科全书》的编纂工作启动。至1993年，第一版全部出齐。

公元1981年7月，中国第一台计算机——汉字激光排版系统原理性样机华光Ⅰ型通过国家部级鉴定，标志着中国出版技术从"铅与火"走向了"光与电"。

公元1986年，首届北京国际图书博览会召开。截至2009年，该博览会已成功举办了16届。

公元1992年，中国加入伯尔尼公约和世界版权公约，标志着中国的出版法律体系逐步健全，并与世界版权事业紧密接轨。

公元2009年10月，中国首次以主宾国的身份参加德国法兰克福国际书展，有力地推动了中国书业走向世界的进程。

附录二：中国历史年代简表

旧石器时代	约170万年前—1万年前
新石器时代	约1万年前—4000年前
夏	公元前2070年—公元前1600年
商	公元前1600年—公元前1046年
西周	公元前1046年—公元前771年
春秋	公元前770年—公元前476年
战国	公元前475年—公元前221年
秦	公元前221年—公元前206年
西汉	公元前206年—公元25年
东汉	公元25年—公元220年
三国	公元220年—公元280年
西晋	公元265年—公元317年
东晋	公元317年—公元420年
南北朝	公元420年—公元589年
隋	公元581年—公元618年
唐	公元618年—公元907年
五代	公元907年—公元960年
北宋	公元960年—公元1127年
南宋	公元1127年—公元1279年
元	公元1206年—公元1368年
明	公元1368年—公元1644年
清	公元1616年—公元1911年
中华民国	公元1912年—公元1949年
中华人民共和国	公元1949年成立